Hogrebe — Andeutungen

Wolfram Hogrebe ist seit 2013 Professor emeritus für Philosophie an der Universität Bonn, vorher war er Professor für Philosophie an der Universität Düsseldorf und Jena. Zudem ist er Mitglied zahlreicher wissenschaftlicher Akademien, von 1999–2002 war er Präsident der Deutschen Gesellschaft für Philosophie.

Buchpublikationen zuletzt u.a.: *Der implizite Mensch* (2013), *Philosophischer Surrealismus* (2013), *Duplex* (2018), *Szenische Metaphysik* (2029), *Das Zwischenreich* (2020), *Ligaturen* (2022).

Wolfram Hogrebe

# Andeutungen

## Konfigurationen im Imaginären

Königshausen & Neumann

*Bibliografische Information der Deutschen Nationalbibliothek*

Die Deutsche Nationalbibliothek verzeichnet diese Publikation in der Deutschen Nationalbibliografie; detaillierte bibliografische Daten sind im Internet über http://dnb.d-nb.de abrufbar.


Gedruckt auf säurefreiem, alterungsbeständigem Papier
Umschlag: skh-softics / coverart
Umschlagabbildung: Rick Rothenberg: Struktur © unsplash.com


Printed in Germany

ISBN 978-3-8260-8486-7
eISBN 978-3-8260-8487-4

www.koenigshausen-neumann.de

www.ebook.de
www.buchhandel.de
www.buchkatalog.de

# Andeutungen

# Inhalt

*Wir sind von Natur aus dazu verdammt,*
*im Imaginären zu leben.*

Paul Valéry

## Vorbemerkung

Der Text wurde 2022/23 geschrieben. In einzelnen Abschnitten habe ich Material aus Beiträgen verwendet, die ich schon früher geschrieben, die aber an entlegenen Stellen publiziert wurden. Die Nachweise sind in den Fußnoten angegeben.

Das Personenregister hat freundlicherweise Dr. Raphael Gebrecht (Universität Bonn) erstellt.

Viele Hinweise zur Verbesserung des Textes verdanke ich meinem Freund und Kollegen Prof. Dr. Rainer Schäfer (Universität Bonn).

# Entzweiung und Kreatvität

Ein herausragender Kopf der europäischen Philosophie war zweifellos Nikolaus von Kues, genannt Cusanus (1401–1464). Obwohl er seit seiner Zeit in der Rezeption nie ganz vergessen war, kann man dennoch vorsichtig nur von einer klandestinen Präsenz seines Denkens durch die Zeiten sprechen,[1] bis er im ausgehenden 19. Jahrhundert unter anderen ausgerechnet durch den Marburger Neukantianismus energisch nach vorne gestellt wurde und seither und gerade heute eine unerhörte Strahlkraft entfaltete. Zu den Marburger Matadoren der Repristinierung von Cusanus gehörten seinerzeit Hermann Cohen (1842–1918), dessen Schüler Ernst Cassirer (1874–1945)[2] und wiederum dessen Schüler Joachim Ritter (1903–1974)[3].

Diese lange Zeit verhaltener Präsenz seines Denkens lag sicher auch an der Publikationslage seiner Schriften. Diese Situation hat sich inzwischen grundlegend geändert und zwar durch die ab 1927 bis 2005 besorgte Gesamtausgabe seiner Schriften durch die

1 Cf. hierzu die vorzügliche Studie von Stephan Meier-Oeser, *Die Präsenz des Vergessenen. Zur Rezeption der Philosophie des Nicolaus Cusanus vom 15. bis zum 18. Jahrhundert*, Münster 1989.

2 Cf. Kirstin Zeyer, *Cusanus in Marburg: Hermann Cohens und Ernst Cassirers produktive Form der Philosophiegeschichtsaneignung*, Münster 2015. Zuvor schon dies., *‚Nihil certi habemus in nostra scientia nisi nostram mathematicam': Zur Cusanus-Rezeption Hermann Cohens*, in: Tom Müller/Matthias Vollet (eds.), *Die Modernitäten des Nikolaus von Kues. Debatten und Rezeptionen*, Bielefeld 2013, pp. 369–386.

3 Joachim Ritter, *Docta ignorantia. Die Theorie des Nichtwissens bei Nicolaus Cusanus*, Leipzig 1927; ders., *Die Stellung des Nicolaus von Cues in der Philosophiegeschichte. Grundsätzliche Probleme in der neueren Cusanus-Forschung*, in: *Blätter für Deutsche Philosophie* 13 (1939), pp. 111–155. Einen Überblick über die neuere Cusanus-Forschung bietet Hans Gerhard Senger, *Cusanus-Literatur der Jahre 1986–2001: Ein Forschungsbericht*, in: *Recherche de Théologie et Philosophie Médiévales* 69, 1 (2002), pp. 225–242.

Heidelberger Akademie der Wissenschaften, hier vor allem durch Ernst Hoffmann, Paul Wilpert und Karl Bormann etc.[4] So kam es, daß der bis dato zumeist philosophie- und theologiehistorisch aufgenommene Denker, meisterhaft und weiterhin unentbehrlich übrigens von Werner Beierwaltes[5] und Kurt Flasch[6], zunehmend auch im gewandelten Focus neuer Fragestellungen begegnet. Wenn man sich dafür öffnet, kann man in der Tat überraschende Entdeckungen machen.

So wird auf einmal deutlich, daß Ritters Interesse an Cusanus auch seinen späteren Hegel-Deutungen eine Erbschaft hinterlassen hat. Wenn er mit Hegel von der ‚*Entzweiung*' spricht, ist das ein Echo der *coincidentia oppositorum* von Cusanus. Genau diese steht im Zentrum des Forschungsberichts von Ritter zur neuern Cusanus-Forschung, die er bis 1938 geschrieben und 1939 veröffentlicht hat.[7] Dieser Text ist übrigens die literarisch größte Konzession, die Ritter je an den NS-Zeitgeist gemacht hat. Auch hier nicht in der Sache, aber verbal durch eine aufdringlich gehäufte Verwendung des Wortes ‚deutsch'. Man könnte es überall streichen, ohne die Substanz des Textes auch nur im Geringsten anzutasten. Aber auch in diesem Text verweist Ritter in den Anmerkungen trotzdem zweimal auf Ernst Cassirer, der zu dieser Zeit

4 Werner Beierwaltes, *Die Cusanus-Edition der Heidelberger Akademie der Wissenschaften. Ein Bericht über das Cusanus-Projekt der Heidelberger Akademie*, Heidelberg 2011.

5 Cf. von Werner Beierwaltes u.a., *Identität und Differenz. Zum Prinzip cusanischen Denkens*, in: *Vorträge der Rheinisch-Westfälischen Akademie der Wissenschaften*, vol. 220, Opladen 1977, pp. 5–42.

6 Cf. Kurt Flasch, *Nikolaus von Kues. Geschichte einer Entwicklung*, Frankfurt 2008³.

7 Cf. Anm. 3 oben. In diesem Forschungsbericht, der ein Fülle von Autoren zu Cusanus diskutier, sind Edmond Vansteenberghe (*Le Cardinal Nicolas Cues, 1401–1464:L 'Action, la Pensée*, Paris 1920) und Dietrich Mahnke (*Unendliche Sphäre und Allmittelpunkt. Beiträge zur Genealogie der mathematischen Mystik*, Halle 1937) Ritters Favoriten, insbesondere Mahnke. Auf diese Diskussionen werde ich hier nicht eingehen.

Deutschland längst, d.h. schon im Frühjahr 1933, verlassen hatte.[8] Deshalb muß hier gleichwohl kurz auf Ritters merkwürdiges Verhältnis zur NS-Zeit eingegangen werden. Als Einstieg eignet sich eine Charakterisierung von Odo Marquard: „Joachim Ritter war an sich Cassirer-Schüler, er kam damit also aus dem späten Neukantianismus. Er war aber zunächst in den zwanziger Jahren zugleich auch Marxist gewesen. Er ist aus dieser Position in eine, wie man vielleicht sagen könnte, Position eines liberalen Hegelianismus und Aristotelismus hinübergewechselt. Der Charme der Schule von Ritter bestand einfach darin, daß er tatsächlich völlig liberal war und seine Leute machen ließ, was sie wollten."[9]

Wie kommt es dazu, daß dieser Ritter im November 1933 das *Bekenntnis der deutschen Professoren zu Adolf Hitler* unterzeichnete, 1937 in die NSDAP und in einige Unterorganisationen wie die *Nationalsozialistische Volkswohlfahrt* eintrat?[10] Wie paßt das mit einem ehemaligen Marxisten zusammen, der sich in Hamburg intensiv im jüdischen Umkreis Cassirers bewegte? Wenn man zudem bedenkt, daß Ritter 1927 Maria Johanna Einstein, eine entfernte Verwandte Ernst Cassirers, heiratete, die allerdings schon 1928 tödlich verunglückt war (1936 heiratete er dann Edith Dettmer, geb. 1913, und hatte mit ihr den Sohn Henning, 1943–2013),[11] dann wird einem erst recht schwindelig. Es scheint wohl, daß er aus Selbstschutzgründen zeitweilig zu einem *genötigten*

8 Cf. Joachim Ritter, *Die Stellung des Nicolaus von Cues*, op. cit., p. 148 Anm. 2 mit Verweis auf Cassirer Buch *Individuum und Kosmos* von 1927 (an dem Ritter selbst mitgearbeitet hatte) und p. 151 Anm. 7 auf Cassirers Buch *Erkenntnisproblem* Bd. 1 (1906) und nochmals auf *Individuum und Kosmos*.

9 Gespräch von Odo Marquard mit Dorit Schatz vom 2.10.1998: *BR-Online*, Forum).

10 Quelle: Ernst Klee, *Das Personenlexikon zum Dritten Reich. Wer war was vor und nach 1945*, Frankfurt 1965², p. 499.

11 Cf. hierzu u.a. den Eintrag *Ritter, Joachim* von Odo Marquard in: *Neue Deutsche Biographie* 21 (2003) pp. 663–664 (online-Fassung).

‚Mitläufer' geworden ist, *en cachette* blieb er vermutlich gleichwohl auf Distanz. Natürlich waren in Hamburg seine marxistischen Allüren und sein intensiver Umgang in jüdischen Kreisen bekannt und verschafften ihm erhebliche Probleme.[12] Diese Fragen lassen sich heute wohl nicht mehr klären. Seine Ambivalenz spricht jedenfalls auch aus Toni Cassirers Bemerkung, daß der junge Ritter als Assistent ihres Mannes Ernst Cassirer, der Ritters Habilitation[13] noch 1932 in der Fakultät gegen erheblichen Widerstand durchgesetzt hatte, zunächst „in schärfster Abwehr gegen das nun [1933] eingetretene System" gestanden habe und dann doch „nach kurzer Zeit um[fiel] wie ein Zinnsoldat, der er wohl auch gewesen ist."[14] Diese Bemerkung ist häufig zitiert worden, ob sie Ritter gerecht wird, muß hier dahingestellt bleiben: es gibt kein schriftlichen Bekenntnisse von Ritter zu NS-Ansichten, jedenfalls habe ich keine gefunden. Erstaunlich ist es allerdings, daß Ritter in neuerer Zeit als ein prägender Kopf des 20. Jahrhunderts vorgestellt wird, nicht nur als Theoretiker der Moderne, sondern auch als ein Denker, der ein neues Paradigma vorgestellt hat, in dem sich die Postmoderne hätte fangen können.[15]

In seinem Überblick über die damalige Cusanus-Forschung von 1939 akzentuiert Ritter jedenfalls im *sound* von Cassirer einen Cusanus, der mit seiner „Lehre von der symbolischen Gotte-

12 Vor allem der Psychologe Georg Ernst Anschütz (1886–1953), von 1939–1945 Führer der Dozentenschaft der Hamburger Universität und Gaudozentenbundführer, hatte Ritter im Visier. Nach 1945 wurde Anschütz fristlos aus dem Hochschuldienst entlassen.

13 Joachim Ritter, *Mundus intelligibilis. Eine Untersuchung zur Aufnahme und Umwandlung der neuplatonischen Ontologie bei Augustinus*, Frankfurt 1937.

14 Toni Cassirer, *Mein Leben mit Ernst Cassirer*, Hamburg 2003, p. 205.

15 Cf. dazu u.a. Mark Schweda, *Entzweiung und Kompensation. Joachim Ritters philosophische Theorie der modernen Welt*, Freiburg/München 2013; Daniel-Pascal Zorn, *Die Krise des Absoluten. Was die Postmoderne hätte sein können*, Stuttgart 2022.

serkenntnis und ihres Prinzips der *coincidentia oppositorum*" nach wie vor ein Desiderat der Forschung geblieben ist.[16] Er konzediert, daß auch bei Cusanus das Prinzip der coincidentia oppositorum zunächst nur ein logisches Prinzip und zwar als ‚Außerkraftsetzung des Satzes vom Widerspruch' ist.[17] Dann aber ist dieses Prinzip auch bei Cusanus schon wesentlich mehr, es wird zum ontologischen Prinzip einer kontextuierten Welt der Antagonismen und Kontraste: „Die Welt ist die Sichtbarkeit des unsichtbaren Gottes ebenso wie Gott die Unsichtbarkeit der sichtbaren Welt ist."[18] Der unsichtbare Gott ist das, was die kontrastierte Welt als Sein zusammenhält.

Damit ist für Ritter übrigens auch „die traditionelle Deutung des Kunstschaffens als ‚Nachahmung' aufgehoben" und zwar in dem Gedanken, „daß alles Gestalten auf das unsichtbare Urbild des Seins ‚änigmatisch' bezogen [ist]."[19] So wird auch die Kunst und alle Kreativität in Anknüpfung an Cusanus als symbolische Form im Sinne Cassirers lesbar: „Die Welt ist das Sich-selbst-sichtbar machen des Unsichtbaren."[20] Aber nicht nur im Sinne Cassirers, sondern auch im Sinne Hegels. Auf ihn verweist Ritter auch ausdrücklich.[21]

Man hat als Leser tatsächlich den Eindruck, daß Ritter die cusanische Welt der Oppositionen, die es nicht gäbe, wenn man nicht mit einer untergründigen Koinzidenz rechnen könnte, schon als Welt der Entzweiung im Sinne Hegels gesehen hat, denn auch diese Welt der Antagonismen gäbe es nicht, wenn es kein kontextuierendes Prinzip (Geist) gäbe. Sie verflöge im Zusammenhanglo-

16 Cf. Joachim Ritter, *Die Stellung des Nicolaus von Cues,* op. cit., p. 113.
17 Joachim Ritter, *Die Stellung des Nicolaus Cusanus*, op. cit., p. 126.
18 Joachim Ritter, *Die Stellung des Nicolaus Cusanus*, op. cit., p. 128.
19 Joachim Ritter, *Die Stellung des Nicolaus Cusanus*, op. cit., p. 129.
20 Joachim Ritter, *Die Stellung des Nicolaus Cusanus*, op. cit., p. 134.
21 Cf. Joachim Ritter, *Die Stellung des Nicolaus Cusanus*, op. cit., p. 146/47.

sen, d.h. sie könnte nicht sein. Aber, wie es im letzten Text des Cusanus (1464) heißt: „Non est nisi quod esse potest. Esse non addit ad posse esse. /Nur das, was sein kann, existiert. Das Sein fügt also dem Sein-können nichts hinzu.“[22] Diese deutliche Depotenzierung des Seinsverstehens[23] ist charakteristisch für Cusanus. Kurt Flasch hat das so zusammengefaßt: „Die göttliche Einheit ist wesentlich ein Sich-Zeigen. Deshalb wendet sich das Denken der sichtbaren Welt zu. Das Interesse an Kunst, Technik und Alltag, an Medizin und Naturforschung wächst.“ Kurz: „In der Laienphilosophie von 1450 geht es gegen alle Universitätsphilosophie um das Sichtbarmachen.“[24] Dieser Tenor hält sich bei Cusanus bis zuletzt durch. Die Wahrheit ist für ihn, was offenkundig ist, aber in dieser Offenkundigkeit sich dennoch nur anzeigt.

Flasch bekräftigt das, wenn er bündig summiert: Die Wahrheit sei bei Cusanus auch zuletzt nur „Sichselbstzeigen.“[25] Auch für Ritter haben wir es bei Cusanus im landläufigen Sinne keineswegs mit einem transzendenten Identitätssystem zu tun: „Von einer solchen pantheistischen Identität ist bei Nicolaus nicht die Rede. Der koinzidelle Einheitsbegriff steht ihr grundsätzlich fern.“[26] Etwas später schreibt Ritter zu diesem koinzidellen Einheitsbegriff wieder im *sound* von Hegel: „Die Einheit des Weltseins ist nicht ‚hinter‘, ‚über‘ oder ‚vor‘ den Dingen, sie ist das Sein der Vielheit des Weltlichen selbst.“[27] Dieses kontextuierende Sein lädt nicht zu tiefsinnigen Spekulationen ein, es *leuchtet* in allen Kontrasten

22 Nicolai de Cusa, *De apice theoriae/Die höchste Stufe der Betrachtung*, lat.-deutsch, ed. et trad. Hans Gerhard Senger, Hamburg 1986, p. 30/31.

23 Kurt Flasch möchte das Nichtandere (non aliud) des späten Cusanus auch nicht als Sein verstanden wissen (cf. ders., *Nikolaus von Kues*, op. cit., p. 561).

24 Kurt Flasch, *Nikolaus von Kues*, op. cit., p. 42.

25 Kurt Flasch, *Nikolaus von Kues*, op. cit., p. 635.

26 Joachim Ritter, *Die Stellung des Nicolaus Cusanus*, op. cit., p. 121.

27 Joachim Ritter, *Die Stellung des Nicolaus Cusanus*, op. cit., p. 122.

einfach nur *ein* (*relucet*) und bleibt ansonsten, auch bei Cusanus, rätselhaft: „*Scientia aenigmatica* ist die cusanische Theorie in dem doppelten Sinn, daß sie ersten das Sein überhaupt nur in der Weise des Rätsels ansprechen kann, und zweitens darin, daß sie dies Ansprechen in ‚Rätselschrift' vollzieht, die das Sein selbst im Medium der *ratio* niederschreibt."[28]

Ritter meidet die Transzendenz-Perspektive,[29] läßt das Rätsel stehen und gewinnt dadurch eine Bodenhaftung, die ihn in späteren Zeiten so attraktiv gemacht hat. Er tendiert von Anfang an zu einer Metaphysik, die nicht im Jenseits verfliegt, sondern dessen Erdung zu begreifen hat, d.h. zu dem Gedanken eines ‚endlichen Absoluten', wie es Dieter Henrich mit Blick auf Hölderlin etwas frivol, aber sachaufschließend mutig, später nannte.[30] Die Idee der Koinzidenz hat Ritter auch der Bezeichnung nach noch längere Zeit beibehalten. Noch 1945 charakterisiert er die Dichtung von T. S. Eliot so, daß es bei ihm um „die Welt des Zwischen, des Unbestimmten" gerade da gehe, „wo alles von der Bestimmtheit beherrscht wird." Dessen Dichtung realisiere mithilfe von Paradoxa „die ‚Koinzidenz' dessen, was sich sonst für uns widerspricht und wechselseitig ausschließt."[31] Gegen Ende seiner Ausführungen zu Eliot faßt Ritter seine Interpretation noch einmal kompakt zusammen: „[Dichtung] ist ihrem Wesen nach Kundgabe dessen, was sonst nicht gesehen und in der Prosa nicht vernommen wird. Sie ist so Organ der Hinweise des im Gegenwärtigen verborgenen

28 Joachim Ritter, *Die Stellung des Nicolaus Cusanus*, op. cit., p. 145.

29 Ähnlich Kurt Flasch, *Nikolaus von Kues,* op cit., p. 393.

30 Dieter Henrich, *Der Grund im Bewußtsein. Untersuchungen zu Hölderlins Denken (1794–1795)*, Stuttgart 1992, p. 575.

31 Joachim Ritter, *Dichtung und Gedanke. Bemerkungen zur Dichtung T. S. Eliots* (1945), wiederabgedruckt in: Joachim Ritter, *Subjektivität. Sechs Aufsätze*, Frankfurt 1974, pp. 93–104, hier p. 99.

Gegenwärtigen. Damit ist auch die koinzidelle Betrachtung der Dichtung verständlich."[32]

Ritter faßt den Koinzidenzgedanken generell nicht in einem transzendenten oder auch nur transzendentalen Sinne, sondern, wie man sagen könnte, ‚continental'. Es gehe Cusanus also um die Hypothesis einer kontextuierenden, und in diesem Sinne zusammenhaltenden, continentalen (von lat. continere) Energie, ohne die wir keine Ahnung von Ganzen hätten, die auch von allen Festlegungen von Ganzen in Anspruch genommen wird.

Im Innersten kreist das Denken von Cusanus, wie schon gesagt, um das Phänomen der Kreativität.[33] Das wird besonders schön deutlich in seiner Schrift *De visione dei* von 1453. Kurt Flasch nennt dieses Werk auch den ‚poetischsten Text des Cusanus': „Nie ist seine Sprache leichter geflossen als bei dieser Bildmeditation."[34] Dennoch mutet sie in ihrem flockigen parlan-

32 Joachim Ritter, *Dichtung und Gedanke*, op. cit., p. 101.

33 Darauf hat als erster Hans-Georg Gadamer hingewiesen. Ihm zufolge ist das Gemeinsame von göttlichem und menschlichem Geist bei Cusanus gerade das *Schöpferische*. „Darin scheint mir die Stellung des *Nikolaus von Cues* (…) ihre eigentliche Auszeichnung zu haben." (ders., *Wahrheit und Methode. Grundzüge einer philosophischen Hermeneutik* (1960), Tübingen 1965², p. 411.

34 Kurt Flasch, *Nikolaus von Kues,* op. cit., p. 385. Daß die Texte des Cusaners durchaus ihren eigenen poetischen Charme haben, kann nicht bestritten werden. Das liegt auch daran, daß sie Kondensate eines Denkens sind, das mit einer erstaunlichen selbständigen Eleganz die Prägnanz sucht. Hermann Cohen hat das auf den Punkt gebracht: „Cusa spricht in Kernsätzen." (ders., *Logik der reinen Erkenntnis*, Berlin 1922³, p. 32). Zum erkenntnistheoretischen Hintergrund cf. hier Gottfried Gabriel, *Präzision und Prägnanz. Logische, rhetorische, ästhetische und literarische Erkenntnisformen*, Paderborn 2019, hier insb. das Kapitel *Komplementarität der Gegensätze* pp. 17 sqq. Insgesamt geht es Gabriel, nicht nur in diesem Buch, darum, „auch für die Philosophie ein Spektrum von Erkenntnismöglichkeiten anzuerkennen, ein Spektrum, das von logisch präzisen Argumenten bis zu literarisch prägnanten Vergegenwärtigungen reicht." (p. 249). Gabriel verweist nicht auf Cusanus, und zwar, wie er mir telefonisch versicherte: weil Komplementarität keine Koinzidenz sei. Aber, so fragt man sich, auf welcher Folie können wir Komplementaritäten überhaupt registrieren?

do dem Leser einiges zu. Obwohl Cusanus in seiner Analyse des Sehens, wie immer, eine deutlich rationale Tendenz hat, den Anteil des Verstandes im Geschäft der Wahrnehmung zu akzentuieren, geht es ihm letztlich gleichwohl um die änigmatische Verschränkung von Sehen und Gesehenwerden, um die *visio dei* in ihrer Eigenart halbwegs plausibel zu machen. Denn für diese gilt, wie Kurt Flasch formuliert: „Wir blicken nicht nur, wir werden angeblickt. Die Einseitigkeit von Sehen und Gegenstand weicht der Wechselseitigkeit; *videre coincidit cum videri.*“[35]

Diese Reziprozität von Sehen und Gesehenwerden ist in ihrer Prägnanz bei Cusanus neu. Sie kann nur registriert werden, wenn man, wie Flasch richtig sagt, die Standard-Deutung von Sehen und Gegenstand hinter sich läßt, die Verstandesdeutung des Sehens in eine höherstufige Vernunftdeutung überführt. Genau dafür wirbt Cusanus, wenn anders wir unseren kreativen Umgang mit unserer Begrifflichkeit nicht untergraben wollen. Die Koinzidenz von Sehen und Gesehenwerden ist der Pol, um den Cusanus in seiner Meditation kreist. Deshalb schickte er den Mönchen am Tegernsee mit diesem Text auch ein Bild, das eine Figur zeigte, die den Betrachter, wo immer er sich auch vor dem Bild positioniert, stets anschaut, ohne sich zu bewegen. Der göttliche Blick ist keine duale Privatangelegenheit, sondern alle haben an ihm teil, wo immer sie sich auch befinden. Um diese Verhältnisse einzufangen bedarf es einer ‚Kreativität menschlicher Begriffsbildung‘, an der Cusanus sehr gelegen war. Kurt Flasch kommentiert den Kontext hier so: „Besonders der Gebrauch des Wortes *creare* für die menschlichen Hervorbringungen, und daß Cusanus dabei die technisch-künstlerischen mitbedenkt, das sind historisch wichtige Schritte. Sie artikulieren Erfahrungen, die Cusanus unter den

35 Kurt Flasch, *Nikolaus von Kues*, op. cit., p. 431.

Genies der Jahrhundertmitte in Italien machen konnte; sie bringen auch literarisch neue Formen hervor, die sich von scholastischen Traktaten unterscheiden wie die Florentiner Domkuppel von einer gotischen Hallenkirche."[36]

Aus dieser Perspektive tritt uns Cusanus zweifellos schon als ein Kopf der beginnenden Renaissance entgegen. Das wird wieder besonders deutlich in seiner letzten Schrift *De apice theoriae*. Hier geht Cusanus gegen Ende auf das kreative Handeln und Produzieren ein, in dem, wie er sagt, ganz sicher (*certissme*) das Können selbst in Erscheinung tritt (*posse ipsum apparere*): „im Produzieren-können des Produzierenden, im Werden-können des Produzierbaren und im Können, in dem beide verbunden sind. Es sind aber nicht drei Können, sondern es ist ein und dasselbe Können des Produzierenden, des Produzierbaren und der Verbindung (beider)." Diesen Befund deutet Cusanus trinitarisch: „Mit ‚Können selbst' (*posse ipsum*) wird der dreifache eine Gott (*deus trinus et unus*) bezeichnet (*significatur*)."[37] Mit dieser Feier des Kreativen hat Cusanus sein Werk beschlossen, es ist der Ton einer neuen Zeit, die bis zu uns reicht, selbst wenn uns bei dem, was der Mensch kann, nicht immer zum Feiern zumute ist.

Es ist daher nicht verwunderlich, daß in jüngster Zeit vor allem Kunsttheoretiker Cusanus an unsere Zeit angeschlossen haben, so u.a. Gerhard Wolf[38], Holger Simon[39], Irene Pelka[40], Elena

36 Kurt Flasch, *Nikolaus von Kues*, op. cit., p. 461.

37 Nicolai de Cusa, *De apice theoriae*, op. cit., p. 39/41.

38 Gerhard Wolf, *Nicolaus Cusanus ‚liest' Leon Battista Alberti: Alter Deus und Narziß (1453)*, in: Rudolf Preimesberger et al. (eds.), *Portrait*, Berlin 1999, pp. 201–209.

39 Holger Simon, *Bildtheoretische Grundlagen des neuzeitlichen Bildes*, in: *Concilium medii aevi* 7 (2004) pp. 45–76; hier findet sich auch ein Forschungsbericht über Cusanus und die Kunst, pp. 49 sqq.

40 Irene Pelka, *Blick und Über-Blick. Die virtuelle Welt des Augen-Bildes in der altniederländischen Malerei und ihr Spezialfall in der ‚visio Dei'*, in: Edith

Filippi[41]. Spektakulär ist hier insbesondere Horst Bredekamp. Für ihn wird Cusanus rundheraus zu einem Kronzeugen seiner neuen Bildtheorie, genauer „zum überragende[n] Theoretiker des intrinsischen Bildakts."[42] Darunter versteht Bredekamp jene Eigenschaft von Bildern, in denen sie durch ihre Form allein ‚eigenaktiv' sind, sofern sie also quasi „selbstreflexiv" werden und eine „von innen kommende Wirkung" freisetzen.[43] Diese intrinsische Wirkung macht sie zu etwas Lebendigem, von dem die Betrachter ‚betroffen' sind. In diesem Sinne ist die Welt insgesamt ein Bild Gottes, in dem sich sein Blick ontokreativ entlädt. Bildbetrachtung wird so, man möchte beinahe in einem flagrant paradoxen Sinne sagen, zu einem ‚profanen' Gottesdienst. Durch Bilder sieht uns Gott ohne sonstige Eigenschaften an und wir ihn. „Da ist keine Stelle", erläutert Bredekamp mit Rilke, „die dich nicht sieht. Du mußt dein Leben ändern."[44] Oder, um noch eine andere Stimme aufzunehmen, mit Paul Valéry gesprochen: „Das Bild ist mehr als die Replik eines sichtbaren Gegenstandes bei geschlossenen Augen. Ihm kommt der Wert des Erregers einer Entwicklung zu."[45]

Es überrascht daher nicht, daß Daniel-Pascal Zorn jüngst Cusanus und Ritter als Gewährsleute für eine ausgeschlagene Befriedung der Postmoderne aufruft. Eine tendenziell profane Theologie (Cusanus) und eine profane Sozialontologie (Ritter) wären im Stande gewesen, die Krise des Absoluten im 20. Jahrhundert

Düsing/Hans-Dieter Klein (eds.), *Geist und Psyche. Klassische Modelle von Platon bis Freud und Damasio*, Würzburg 2008, pp. 91 – 115.

41 Elena Filippi, *Cusanus und die Kunst*, in: *Das Mittelalter* 19, 1 (2014) pp. 103–124.

42 Horst Bredekamp, *Theorie des Bildakts. Frankfurter Adorno-Vorlesungen 2007*, Berlin 2010, p. 243.

43 Horst Bredekamp, *Theorie*, op. cit., p. 53.

44 Horst Bredekamp, *Theorie*, op. cit., p. 249.

45 Paul Valéry, *Cahiers/Hefte*, eds. Hartmut Köhler/Jürgen Schmidt-Radefeldt, Bd. 5, Frankfurt 1992, p. 454.

zu meistern. Was Cusanus angeht, beruft sich Zorn auch auf den Ritter-Interpreten Markus Schweda, wenn er schreibt: „Cusanus, der in seiner Zeit seine theologischen Interessen verfolgt (…) wird für die Philosophiegeschichte zum ‚unbewußten Revolutionär'. Seine Aufgabe der Vermittlung zwischen Innen und Außen begründet die erkenntnistheoretische Fragestellung, die noch die zeitgenössische moderne Philosophie umtreibt."[46]

Kein Wunder, daß Zorn am Ende seines Buches auf Richard Rortys Projekt einer ‚bildenden Philosophie' (*edifying philosophy*). zu sprechen kommt.[47] Auch Rorty wird für Zorn zum Gewährsmann für eine fällige Therapie der Postmoderne.[48] In der Tat sah auch schon Ritter die Aufgabe der Philosophie und der Geisteswissenschaften in ihrer bildenden Funktion[49] als unverzichtbare *geschichtliche Mnemosyne*. Denn gerade Philosophie und die Geisteswissenschaften sind es, „die dem Menschen in seinem gesellschaftlichen Sein die substantiellen Zusammenhänge des Menschseins vergegenwärtigen, die die Gesellschaft ihm nicht zu geben vermag."[50]

Das ist das merkwürdig Moderne an Ritter, der die ‚substantiellen Zusammenhänge des Menschseins' in cusanischer Erbschaft als profane Koinzidenznachfolger festgehalten hat. Genau darin besteht das, was Odo Marquard Ritters ‚Positivierung' der Entzweiung genannt hat. Das wird in Ritters Interpretationen zu He-

46 Daniel-Pascal Zorn, *Die Krise*, op. cit., p. 142. Zorn zitiert hier Markus Schweda, *Entzweiung und Kompensation*, op. cit., p. 44.

47 Richard Rorty, *Der Spiegel der Natur. Eine Kritik der Philosophie* (engl. 1979), Frankfurt *1981*, pp. 387 sqq.

48 Cf. Daniel-Pascal Zorn, *Die Krise*, op. cit., 560 sqq.

49 Cf. hierzu Wolfram Hogrebe, *Bildung*, in: ders., *Metaphysische Einflüsterungen*, Frankfurt 2017, pp. 87–101.

50 Joachim Ritter, *Die Aufgabe der Geisteswissenschaften in der modernen Gesellschaft* (1963), in: ders., *Subjektivität*, op. cit., pp. 105–140, hier p. 139. Auf diesen Aufsatz Ritters verweist auch Daniel-Pascal Zorn (cf. *Die Krise*, op. cit., p. 509–511).

gel besonders deutlich. So hat Hegel mit seiner Einsicht in die dialektische Einheit von Subjektivität und Objektivität „eine Position gewonnen", heißt es bei Ritter, „die es ihm möglich machte, die Entzweiung und Diskontinuität positiv als Form der geschichtlichen Kontinuität und Einheit zu begreifen."[51] Die geheime Pointe dieser modernen Variante des Koinzidenzgedankens von Cusanus ist aber diese: Ritter kann mit Hegel an einer Strukturoption der Geschichtsprozesse festhalten und das trotz Anerkennung der Kontingenzwalze, deren Wirksamkeit im Ablauf historischer Prozesse natürlich nicht dementiert werden kann.[52] Mit Hegel dynamisiert Ritter die Koinzidenzoption und fängt sie unangestrengt dialektisch ein.

Faktisch geht es bei Cusanus mit Blick auf die Kreativität Gottes um eine Selbsteinschränkung, um seine Selbstlimitation, um das Endliche aus sich entlassen zu können, zu kreieren. Nichts

51 Joachim Ritter, *Hegel und die französische Revolution* (1956), repr. in: ders., *Metaphysik und Politik. Studien zu Aristoteles und Hegel*, Frankfurt 1969, pp. 183–255, hier p. 225. Diese Positivierung gilt auch für Entzweiungsvarianten wie die *Entfremdung*. In Ritters Exkurs XI zu diesem Aufsatz findet sich die Bemerkung (p. 252): „Daher erhält die Philosophie bei Hegel die Aufgabe, die Entfremdung dadurch aufzuheben, daß sie die Positivität der Entzweiung als Form der Einheit aus ihr zurückgewinnt."

52 Hier berührt sich Ritter mit Carl Schmitts Denken in Antithesen. Auf ihn verweist er auch emphatisch („am großartigsten") in einer Fußnote (*Hegel und die französische Revolution*, op. cit., Fußnote 32, p. 222/23), vor allem auf dessen Buch *Der Nomos der Erde* (1950) und auf dessen Aufsatz *Die geschichtliche Struktur des heutigen Weltgegensatzes von Ost und West* in der Festschrift für Ernst Jünger (1955). – Auf Cusanus ist Schmitt nur sporadisch eingegangen, z.B. in der *Politischen Romantik* (München 1925², pp. 99 sq.). Immerhin befanden sich in seiner Bibliothek die Arbeiten von Jakob Hommes und Volkmann Schluck zu Cusanus. Schmitt hat auch zu Recht darauf hingewiesen, daß ein antithetisches Denken nicht in die Sprache von Wertgegensätzen übersetzt werden darf (cf. ders., *Der Gegensatz von Gemeinschaft und Gesellschaft als Beispiel einer zweigliedrigen Unterscheidung. Betrachtungen zur Struktur und zum Schicksal solcher Antithesen*, in: *Estudios Juridico-Sociales*, Universidad de Santiago de Compostela 1960, pp. 165–178). – Diese Hinweise zu Carl Schmitt verdanke ich Gerd Giesler, Mail vom 22. August 2022.

wird wirklich, was nicht den „Preis der [dadurch] nicht mehr offenen Möglichkeit" bezahlt.[53] Kreativität tilgt Möglichkeiten, von denen kaum jemand ahnt, daß es sie überhaupt gibt.

53 Hans Blumenberg, *Legitimität der Neuzeit*, Frankfurt 1966, p. 634.

# Vorahmung

In seiner subtilen Studie zur historischen Genese des schöpferischen Menschen im post-mimetischen Zeitalter[1] zeichnet Hans Blumenberg die internen Verschiebungen im Topos ‚Nachahmung der Natur' von der Antike bis zur Gegenwart nach.[2] Die Ranghöhe der Nachahmung bemißt sich, wie Blumenberg zeigt, an der wechselnden Einschätzung dessen, wie und als was die Natur präsent ist. Mit Ende des 19. Jahrhunderts und bis heute ist sie jedenfalls nur noch Natur im Lichte der Naturwissenschaft und Technik, ist Natur „zum Inbegriff möglicher Produkte der Technik geworden."[3] Hieraus ergibt sich der von Blumenberg mit Recht ‚paradox' genannte Sachverhalt, „daß in einem Zeitalter höchster Geltung der Wissenschaft von der Natur zugleich deren Gegenstand in seinem Seinsrang für den Menschen nivelliert worden ist."[4]

Man möchte diese Depotenzierung der Natur, die ihren mimetisch privilegierten Rang verdampfen läßt, vielleicht sogar als desaströses Ende ihrer Wertschätzung auffassen, als Entwertungsende des Naturwertes. Aber diese Einschätzung ist, wie Blu-

1 Der vorliegende Text ist eine leicht überarbeitete Version meines Beitrages zum monumentalen Katalog *Paul Klee in Jena 1924. Der Vortrag*, ed. Franz-Joachim Verspohl et al. (*Minerva. Jenaer Schriften zur Kunstgeschichte*, Bd. 10), Jena/Gera 1999; hier: Wolfram Hogrebe, *Paul Klee im ästhetischen Muster der Moderne*, pp. 77– 82.

2 Hans Blumenberg, ‚*Nachahmung der Natur*'. *Zur Vorgeschichte der Idee des schöpferischen Menschen*, in: *Studium generale* Bd. 5 (1957) pp. 266–283. Siehe auch: Hans Blumenberg, *Wirklichkeiten in denen wir leben. Aufsätze und Reden*, Stuttgart 1981.

3 Blumenberg, ‚*Nachahmung*', op. cit., p. 282. In den fünfziger Jahren wurde ‚Technik' ein bevorzugter Gegenstand von philosophischen und sonstigen Erwägungen.

4 Ibid.

menberg abschließend zeigen kann, viel zu undifferenziert. Wo die Natur, seit dem Ende des 19. Jahrhunderts bis heute, jedenfalls nicht mehr den Status einer privilegierten mimetischen Bezugsgröße hat, wird nämlich der Raum erst frei, ihre Angebote als bloß mögliche Gestalten aufzufassen, zu denen es gleichberechtigte Alternativen gibt. Das bedeutet umgekehrt für die Kunst, daß sie in ihrer post-mimetischen Ära die Erbschaft jener kreativen Potenz antreten kann, die ehedem der Natur exklusiv zugesprochen wurde. Das post-mimetische Kunstwerk will, wie Blumenberg diesen Sachverhalt in eine knappe Formel bringt, „nicht mehr nur etwas *bedeuten*, sondern es will etwas *sein*."[5]

Der Rangverlust der Natur wird damit ästhetisch kompensiert, den Kunstwerken wächst ein ‚Seinsrang' zu, der mimetisch zwar nicht mehr zu begreifen ist, aber eben deshalb eine kreative Autonomie bezeugt, die geradezu schwindeln macht. Und zwar deshalb, weil zunächst nicht ersichtlich ist, was die adelnde Normquelle einer autonomen Kunst überhaupt sein könnte. Damit droht gerade über die errungene Autonomie, gerade über die damit gesetzte Darstellungsfreiheit leider ein ästhetischer Relativismus, der den Triumph der Autonomie in kreativer Beliebigkeit zu zerstäuben droht.

Die Frage ist also, welche Instanz übernimmt in der post-mimetischen Kunst den Status einer Normquelle, wie es ehedem die nachzuahmende Natur war? Im Prinzip ist dies ein innerkünstlerisches Problem, da die gesuchte Normquelle ja nur *im* künstlerischen Prozeß selbst gesucht werden kann, immer vorausgesetzt, daß dessen Autonomie nicht angetastet wird. Es müßte sich daher um eine innerkreative Selbstgesetzgebung handeln, die sich im Produkt bezeugt. Das heißt: die gesuchte Selbstgesetzgebung

5 Ibid.

muß projektiv verstanden werden. Im Spielraum der Gestaltungsmöglichkeiten sind danach solche zu wählen, die mit gegebenem kontingenten Anfang die Kontingenzbilanz im Gestaltungsverlauf minimieren. Auf eine solche Perspektive weist auch Blumenberg hin: „Manches deutet daraufhin, daß die Phase der gewalttätigen Selbstbetonung des Konstruktiven und Authentischen, des ‚Werkes' und der ‚Arbeit', nur Übergang war. Die Überwindung der ‚Nachahmung der Natur' könnte in den Gewinn einer ‚Vorahmung der Natur' einmünden."[6]

Interessanterweise kann Blumenberg den projektiven Charakter dieser ‚Vorahmung der Natur' auch mit einem Verweis auf Kants Ästhetik stützen, die ohnehin von sich aus auf die Begrifflichkeit einer abstrakt gewordenen post-mimetischen Kunst hindrängt. Die von Blumenberg benannte ‚Vorahmung der Natur' versteht sich dann so, daß es im Kunstwerk in seiner autonomen Selbstgesetzgebung gelungen sein mag, ein nicht mehr nur subjektives und damit bloß künstliches Darstellungsniveau zu erreichen, sondern ein Niveau, auf dem Figurationen als *aus sich selbst* verständlich erscheinen. Und das ist mit Kant genau dann der Fall, wenn das anfänglich durchaus willkürliche, kontingente Darstellungsreglement des Kunstprodukts eine überkontingente Dichte erreicht, die den Eindruck vermittelt, „als ob es ein Produkt der bloßen Natur sei."[7] Wo das gelingt, stellt sich nach Blumenberg

6 Blumenberg, ‚*Nachahmung*', op. cit., p. 283. Das Vokabular von ‚Ahmen', ‚Nachahmung' und ‚Vorahmung' stammt bekanntlich von Georg Friedrich Jünger: *Die Spiele. Ein Schlüssel ihrer Bedeutung*, Frankfurt/M. 1953, p. 48. Georg Jünger entschlüsselt ‚spielen' als ‚ahmen', so daß Nach- und Vorahmen essentielle modi des Spielens werden.

7 Kant, *Kritik der Urteilskraft* § 45, B 179/A 177; *Werke*, ed. Wilhelm Weischedel, Bd. 8, Darmstadt 1968, p. 404.

auch in der autonomen Kunst „unvermutet (...) eine Ahnung des immer-schon-Daseienden ein."[8]

Als künstlerisches Zeugnis für diese Möglichkeit nennt Blumenberg das Werk Paul Klees, „an dem sich zeigt, wie im Spielraum des frei Geschaffenen sich unvermutet Strukturen kristallisieren, in denen sich das Uralte, Immer-Gewesene eines Urgrundes der Natur in neuer Überzeugungskraft zu erkennen gibt."[9]

Es scheint so, daß die Befreiung der Kunst aus ihrem mimetischen Naturbezug *nicht den Naturbezug überhaupt verloren hätte.* Im Gestaltungsspielraum wird vielmehr das Natürliche über Kontingenzverdichtungen wieder erfahrbar. Da, wo es gelingt, in Gestaltungsspielräumen gleich welcher Art in kontingenter Weise Konfigurationen zu erzeugen derart, daß sie sich schließlich wie *von selbst* ergeben, da, wo dieser überkontingente Effekt einer anonymen Autorschaft durch Kontingenzverdichtung statthat, da geschieht, was Blumenberg als Signatur unserer Zeit begreift und Paul Klee zitierend, als ‚Verwesentlichung des Zufälligen' bezeichnet.[10]

8 Blumenberg. ‚*Nachahmung*', p. 283.
9 Ibid.
10 Ibid. Blumenberg zitiert Klee nach Werner Haftmann, *Paul Klee. Wege bildnerischen Denkens*, München 1950, p. 71.

## Verwesentlichung des Zufälligen

Blumenberg nutzt Klees Formulierung als Bestätigung seiner Diagnose einer post-mimetischen Kunst: „Früher schilderte man Dinge, die auf der Erde zu sehen waren, die man gern sah oder gern gesehen hätte. Jetzt wird die Relativität der sichtbaren Dinge offenbar gemacht und dabei dem Glauben Ausdruck verliehen, daß das Sichtbare im Verhältnis zum Weltganzen nur isoliertes Beispiel ist, und daß andere Wahrheiten latent in der Überzahl sind. Die Dinge erscheinen in erweitertem und vermannigfachtem Sinn, der rationellen Erfahrung von gestern scheinbar widersprechend. Eine Verwesentlichung des Zufälligen wird angestrebt.“[1]

Diese Passage bei Klee hat sich auch Martin Heidegger exzerpiert, vermutlich für Zwecke eines ansonsten nicht ausgeführten oder erhaltenen Vortrags über Klee, wiederum vermutlich 1956 in Freiburg vor Architekten.[2]

Heidegger hat, wie Günter Seubold berichtet, in Klee's letztem Satz das Wort ‚Zufälligen‘ unterstrichen und am Rande auf den Jenaer Vortrag Klees Über die moderne Kunst [3] verwiesen. Seubold vermutet, daß dieser Verweis Bezug nimmt auf eine Passage im Text der Jenaer Rede, wo es heißt, daß man es dem Künstler zugutehalten muß, „wenn er das gegenwärtige Stadium der ihn gerade betreffenden Erscheinungswelt für zufällig (...) erklärt.“ Wie diese Bemerkung mit dem Gedanken einer anzustrebenden

1 Paul Klee, *Schöpferische Konfession*, in: *Tribüne der Kunst und Zeit. Eine Schriftensammlung*, ed. Kasimir Edschmid, Berlin 1920, p. 39.

2 Cf. die folgende Anmerkung.

3 Cf. Franz-Joachim Verspohl et al. (eds.), *Paul Klee in Jena 1924. Der Vortrag*, op. cit., Klee's handschriftliche Version des Vortrags pp. [11]-[46]. Da diese Seiten im Katalog nicht paginiert sind, zitiere ich die Seiten in eckigen Klammern.

‚Verwesentlichung des Zufälligen' zusammenpassen soll, bleibt allerdings schwer nachvollziehbar. Wenn man das von Heidegger unterstrichene Wort ‚Zufall' allerdings in seinem Sinne, das heißt als *Zu-Fall* liest, dann nimmt der Verweis auf den Jenaer Vortrag wohl doch eher Bezug auf die von Klee zu Beginn des Vortrags so energisch herausgestellte *mediale* Stellung des Künstlers. Seine weder dienende noch herrschende, sondern vermittelnde Stellung zum Werk läßt dieses wie ein ihm *Zufallendes* erscheinen, als etwas, das über alle Subjektivität des Künstlers hinaus ein Gelingendes bezeugt.

Von diesem Gedanken ist der gesamte Vortrag erfüllt: Die Produkte der anfänglich durchaus subjektiven Bemühungen des Künstlers scheinen, wenn die Zone des Gelingens erreicht wird, sich von diesen Bemühungen zu befreien, sich von diesen als ihren Geburtshelfern zu lösen, um ein Eigenleben zu führen. So ist es das Bestreben des Künstlers, die Elemente „so rein und logisch zueinander zu gruppieren, daß jedes an seinem Platz notwendig ist und keines dem andern Ab[b]ruch tut."[4]

Erst in dieser verdichteten Phase des initial durchaus zufälligen kreativen Tuns, das schließlich „weitere, dem bewussten Umgang entlegenere Dimensionen" erreicht,[5] ereignet sich die von Klee geforderte Verwesentlichung des Zufälligen. Sie besteht darin, in einem kreativen Kontingenzgeschehen einem Zwingenden Einzug zu gewähren, einen Einzug, der als transsubjektive Zu-fälligkeit Ereignischarakter hat. Gerade hierin besteht das Gelingende eines Werkes, das der Künstler wohl zu spüren vermag, dessen Ereignis er in seinen Bemühungen doch nur ausgeliefert ist. Die *Verwesentlichung des Zufälligen* ist so Klees Formel für das Gelin-

4 Paul Klee, *Jenaer Vortrag 1924*, op. cit., p. [31].
5 Paul Klee, *Jenaer Vortrag 1924*, op. cit., p. [30].

gende als einem *Ereignis*, dem Heidegger im Denkens des Seins völlig strukturanalog nachgedacht hat und das mit Blumenberg nur in Form einer *Vorahmung* zugänglich ist.

Die Pointe dieser Denkfigur ist die: Wenn unser Handeln und Gestalten, in welchem Milieu auch immer, als freigesetzt, als autonom erkannt ist, bemerkt eine dieses emanzipatorischen Geschehens inne seiende Reflexion, daß unser Handeln und Gestalten nicht allmächtig ist. Die Bejahung der völligen Kontingenz des Kreativen, des Abrisses von externen Normativen wie Natur, Tradition oder sonstigen Vorbildern, besagt ja gleichwohl und ineins die Anerkennung und Bejahung eines nicht-subjektiven, nicht-individuellen Abschlußmusters im Gelingen: Subjektive Kontingenz fängt sich nur, wenn sie sich fängt, in transsubjektiver Konsistenz. Dies ist ein elementarer Gedanke der Moderne, er gab ihr *façon* und weist immer noch weit über sie hinaus.

Zu den wenigen, die das begriffen haben, gehören sicher, aber gewiß nicht nur Klee, nicht nur Heidegger, nicht nur Blumenberg. Hier wird vielmehr ein Relief der Moderne sichtbar, das so bislang noch nicht beschrieben wurde. Gerade da, wo historisch der Triumph der *homo faber* in allen Bereichen deutlich wird, wo auch die Natur als gemachte, von Menschen herstellbare erfahren wird, wo der Mensch als Herr des Seins hervortritt, gerade da wird er plötzlich des Umstandes inne, daß seine Herrschaft nur aus Voraussetzungen möglich ist, die über diese Herrschaft uneinholbar hinaus sind. In der Zone des Gelingens wird jede Handlung zu einem Handschlag mit einem uns Entgegenkommenden und wird durch diesen ‚graziös'. So ist jede Handlung metaphysisch und war es immer schon, wenn sie sich als in eine Gelingensmöglichkeit hineingestellt erfährt. Dieser Gedanke ist im gegenwärtigen pragmazentristischen Zeitalter gewissermaßen politisch nicht korrekt, aber er ist wahr.

Zu den ersten, die für diese Wahrheit sensibel waren, gehörten die Dichter und Künstler. Sie waren besonders dafür sensibel, daß wir nicht in ein festes ontologisches Milieu hineingestellt sind, sondern daß wir uns in Wirklichkeiten bewegen, die jede für sich ein realisiertes Möglichkeitssegment darstellen.

Der erste, der ein klares Bewußtsein für dieses modalisierte Realitätsverständnis besaß, war wohl Novalis. So kann es auch nicht verwundern, daß Klees Postulat einer *Verwesentlichung des Zufälligen* schon bei Novalis zu finden ist.

Für Novalis handelt es sich um eine „Erhebung des Zufälligen zum Wesentlichen“[6]. Hier handelt es sich, auch nach Novalis, um ein typisches Verfahren altmagischen Denkens. In diesem kommt ein tiefsitzendes Bedürfnis nach Notwendigkeit zum Ausdruck, die sich anders als durch Zufallsgeneratoren, d.h. Orakel-Praktiken aller Art, nicht erkennend erreichen läßt. Von dieser altmagischen Erhebung des Zufälligen zum Wesentlichen zehrt offenbar auch die neue Stellung zum Zufall in der Moderne. Was sie als Aberglauben und magischen Okkultismus indes hinter sich läßt, ist die obsessive Indifferenz von Zufall und Notwendigkeit, von Bild und Original, von Symbol und Symbolisiertem, einer Indifferenz, auf der allerdings aller Aberglaube beruht. Davon weiß die Moderne sich frei, sie weiß um diese Differenzen und möchte *jenseits* dieser, nicht *unterhalb* dieser Differenzen etwas ansteuern, was sie als diese freigibt, so daß Konfigurationen begegnen, in denen ein Spielraum gegeben ist, in dem auf bezwingende Weise etwas gelingen kann. Gerade hier kommt es für Novalis zu einer ‚Erhebung des Zufälligen zum Wesentlichen‘, mit Klee zu einer ‚Verwesentlichung des Zufälli-

6 Novalis, *Das Allgemeine Brouillon* (1798/99), in: ders., *Schriften*, ed. Paul Kluckhohn/Richard Samuel, Bd. 3, Stuttgart/Berlin/Köln/Mainz 1983, p. 398.

gen', zu einer neuen Art Magie also, im Gegensatz zu altmagischem Denken nicht mehr zu einer *Magie des Zwangs*, sondern zu einer *Magie der Freiheit.*[7] So wird hier die magische Praxis des *Orakels* abgelöst durch die Praxis des *Spiels*. Das besagt für das Selbstverständnis des Dichters bei Novalis: „Der Poet braucht die Dinge und Worte wie *Tasten* und die ganze Poesie beruht auf thätiger Ideenassociation – auf selbstthätiger, absichtlicher, idealischer *Zufallsproduction* ... (Spiel)."[8]

Das Entscheidende der Moderne ist in der Tat eine neue Stellung zum Zufall, der in allen kreativen Prozessen, wenn sie glücken, am Ende in Gelingensphasen als Zufallendes spürbar wird. Wir können keinen Gedanken fassen, wenn wir an ein solches Entgegenkommendes nicht Anschluß suchen. Insofern wird, wie wiederum Novalis sagt, auch das „System des Wissens, wie [im] System der Gnade" aufzufassen sein, denn: „Alles ächte W[issen] muß uns gegeben seyn."[9] Die Gnade, von der hier die Rede ist, bedeutet, was man sich einschärfen muß, nur das Moment in jedem Gelingen, das wir schlußendlich absolut nicht erzwingen können, was uns tatsächlich ein Zufallendes bleibt, dessen wir nicht mächtig sind. Insofern und nur so wir auch verständlich, wenn Novalis schreibt: „Der Dichter betet den Zufall an."[10]

Die so bei Novalis zuerst greifbare Kontur einer Moderne, die schon in ihrer Geburt über ihre noch jetzt und gerade jetzt wirksame pragmazentristischen Karikaturen, auch über die alberne

7 Cf. Carl Einstein, *Die Kunst des 20. Jahrhunderts* (Propyläen-Kunstgeschichte Bd. XVI), 3. Aufl. Berlin 1931. Hier heißt es zu Klee: „Mit Klee wird ein menschlich wichtiges Problem erhoben, nämlich das der Verwandlung und Neubildung der Welt durch den Menschen. Dieser gewinnt hierdurch die magische Welt zurück."

8 Novalis, *Das Allgemeine Broullion*, op. cit., p. 451.

9 Novalis, *Allgemeines Brouillon*, op. cit., p. 441.

10 Novalis, *Allgemeines Brouillon*, op. cit., p. 449.

*cancel culture* hinaus war, ist in der hier allein verfolgten Spur besonders klar auch bei Stéphan Mallarmé und Paul Valéry aufzuspüren.

## Das Nichtmenschliche im Gelingen

Mallarmés letztes Gedicht *Un coup des Dés* belegt die Erfahrung, daß unsere zufälligen Inszenierungen, für die hier der Würfelwurf steht, nicht selbst einer Notwendigkeit Herr sein können, wie sie so häufig für eine intendierte Abschlußgestalt erforderlich ist. Es bedarf hier eines Entgegenkommenden, das wir nicht erzwingen können. Bei Mallarmé ist es das Aufgehen des Siebengestirns des Großen Bären. So ist, was später bei Valéry wieder aufgenommen wird, das Geschehen mit Blick auf sein Ergebnis letztlich nichts Menschliches mehr: „l'événement accompli en vue de tout résultat nul humaine."[1] Das gilt bei Mallarmé für unsere gesamte Erkenntnisnatur und so endet sein letztes Gedicht mit der berühmten Zeile: „*Toute Pensée* émet *un Coup des Dés*, jeder Gedanke ist ein Würfelwurf."[2] Paul Valéry faßt dieses Ergebnis auch einmal so zusammen: „Ohne diese Zufälle und dieses Hin- und Herwürfeln, ohne dieses Durchschütteln von Unvorhergesehenem, unscharf Erkanntem, Vergangenem und Gegenwärtigen keine ‚Vernunft' – kein Nicht-Zufall."[3]

Valéry gesteht in einem Brief an Albert Thibaudet, daß er ursprünglich Mallarmés poetische Intuition im Sinne eines poetischen Pragmazentrismus mißverstanden habe, d.h. den Irrtum beging, „das *Sein* durch das *Machen* zu ersetzen."[4] Auch changiert bei Valéry gelegentlich der Begriff Zufall im Sinne von ‚zufällige Variation' und im Sinne von ‚Zufallendem'. Im letzten Sinn ist die

1 Stephan Mallarmé, *Sämtliche Gedichte*, trad. Carl Fischer, Heidelberg 1957, p. 172 sq.

2 Stephan Mallarmé, op. cit., p. 175.

3 Paul Valéry, *Cahiers/Hefte*, eds. Hartmut Köhler/Jürgen Schmidt-Radefeldt, Bd. 3, Frankfurt/M. 1989, p. 80.

4 Paul Valéry, *Briefe*, trad. Wolfgang A. Peters, Wiesbaden 1954, p. 81.

Notiz in den *Cahiers* zu verstehen, wo es heißt: „das Wahre erkennen, das Nicht-Sein ist. – Zufall, an sich absurd."[5] Das besagt hier auch bei Valéry, daß der ankommende Gedanke als passend angenommen werden muß: „Wir können unserem Gedanken nicht zuvorkommen. (*Irgend etwas* kann ihm allerdings zuvorkommen.) Wir sind jedoch bereit, ihn zu denken. Wir können ihn bloß annehmen, aufzunehmen wünschen."[6] Insgesamt ist mithin auch Paul Valéry von dem Gedanken durchdrungen, daß in den Möglichkeitsspielräumen kreativen Experimentierens, auch Sprechens, eine Verwesentlichung des Zufälligen gerade da statthat, wo am Ende Ergebnisse erzielt werden, deren Strenge alles bloß Subjektive hinter sich gelassen haben. „Sie haben dann", wie Valéry hier Mallarmé aufnimmt, „etwas Nichtmenschliches."[7] Robert Musils ‚Möglichkeitsmenschen' würden sagen, sie haben in diesen Endphasen kreativer Prozesse „etwas Unpersönliches". So ist „das Denken, solange es nicht fertig ist, eigentlich ein ganz jämmerlicher Zustand, ähnlich einer Kolik sämtlicher Gehirnwindungen, und wenn es fertig ist, hat es schon nicht mehr die Form des Gedankens, in der man es erlebt, sondern bereits die des Gedachten, und das ist leider eine unpersönliche."[8]

Das Problem, mit dem sich Dichter du auch Denker des 20. Jahrhunderts abmühten, war in der Tat diese Dimension, in die Menschen in ihren Bemühungen zwar hineinragen und ihrer bedürfen, aber ihrer nicht Herr sind. Philosophen faßten diese Dimension – noch etwas unbeholfen in ihrer neukantianischen Her-

5 Paul Valéry, *Cahiers/Hefte*, eds. Hartmut Köhler/Jürgen Schmidt-Radefeldt, Bd. 1, Frankfurt/M. 1987, p. 138.
6 Paul Valéry, *Cahiers/Hefte*, eds. Hartmut Köhler/Jürgen Schmidt-Radefeldt, Bd. 4, Frankfurt/M. 1990, p. 55.
7 Paul Valéry, *Leonardo*, trad. Karl August Horst, Frankfurt/M. 1960, p. 15.
8 Robert Musil, *Der Mann ohne Eigenschaften,* ed. Adolf Frisé, Hamburg 1965, p. 112.

kunft – vor allem als die der Geltung. Was gilt, läßt sich weder naturwissenschaftlich noch soziologisch oder ökonomisch in seiner Eigenart begreiflich machen. In diese Dimension hinein ist der Mensch immer mehr als Mensch. Hier greift jede Form von ‚Humanismus' zu kurz. Das hat vor allem Martin Heidegger kurz nach dem letzten Krieg in seinem berühmten Brief über den Humanismus an Jean Beaufret deutlich gemacht. Er benennt hier auch die Gefahr und das Risiko, daß mit diesem Überstieg über jede Form des Humanismus in Kauf genommen wird, verbunden ist: „Weil gegen den ‚Humanismus' gesprochen wird, befürchtet man eine Verteidigung des In-humanen und eine Verherrlichung der barbarischen Brutalität."[9] De facto geht es aber nur darum, nicht mit einem verkürzten Format des Menschlichen umzugehen: „Das Wesen des Menschen besteht (...) darin, daß er mehr ist als der bloße Mensch, insofern dieser als das vernünftige Lebewesen vorgestellt wird."[10] Dieses Mehr enthüllt sich in der ekstatischen Verfassung des Menschen, die sich im Rückgang auf empirische Daten nicht verständlich machen läßt. In seiner szenischen Existenz, um die es Heidegger geht, versammelt sich zwar alles Empirische, soweit es uns zugänglich ist, aber das Szenische erschöpft sich nicht in diesem so Versammelten, weil dessen Zugänglichkeit aus einem Seinsverstehen schöpft, das uns als Ereignis zwar letztlich auch opak bleibt, aber uns immerhin in einer Welt die Augen aufschlagen läßt.

9 Martin Heidegger, *Platons Lehre von der Wahrheit. Mit einem Brief über den ‚Humanismus'* (1947), Bern 1954², p. 95.
10 Martin Heidegger, *Brief*, op. cit., p. 89.

## Schatten der Spinne

Im Jenaer Vortrag vergleicht Klee den Künstler mit einem Baum,[1] dessen Krone das Werk darstellt, dessen Wurzeln seine Einbettung in reale Verhältnisse (biologische, psychische, soziale etc.) verbildlichen mögen. Klee betont im Blick auf dieses Gleichnis, daß zwischen Krone und Wurzel „kein exaktes Spiegelverhältnis besteht, daß z.B. die Krone mit dem Stamm nicht identifiziert werden darf. Damit beugt Klee dem Mißverständnis vor, daß schon soziologische, ökonomische oder psychologische Untersuchungen ausreichen, um das Werk eines Künstlers verständlich zu machen. So genügt auch die Biographie eines Künstlers nicht, um dem Verständnis seines Werkes gerecht zu werden. Die „specifischen Dimensionen des Bildnerischen"[2] verfügen, obschon gewiß an Person und deren Einbettung gebunden und aus diesen Bedingungen erwachsen, durchaus über einen Eigensinn, den Klee als Renaissance der formenden Kräfte der Natur[3] zu verstehen gibt. Sie gilt es im Werk zur Darstellung zu bringen, um so der Genesis Dauer zu verleihen.[4] Im Medium des Künstlers[5] sind Energien wirksam, die sich in seinem Werk beweisen. Auch in der post-mimetischen Kunst der Moderne entladen sich diese Energien in ‚Traum, Idee, Phantasie' aus einem ‚Urgrund der Schöpfung'[6]. Was hieraus erwächst, ist allerdings „erst ganz ernst zu

1 Cf. zum Folgenden Paul Klee, *Jenaer Vortrag 1924*, op. cit., p. [17] sqq.
2 Paul Klee, *Jenaer Vortrag 1924*, op. cit., p. [23].
3 Ibid.
4 Paul Klee, *Jenaer Vortrag 1924,* op. cit., p. [38].
5 Paul Klee, *Jenaer Vortrag 1924*, op. cit., p.[19]: „Die Schönheit der Krone [gemäß dem Gleichnis vom Baum, W.H.] ist nicht er [der Künstler] selber, sie ist nur durch ihn gegangen."
6 Paul Klee, *Jenaer Vortrag 1924,* op. cit., p. [39].

nehmen,“ so Klee, „wenn es sich mit den passenden bildnerischen Mittel restlos zur Gestaltung verbindet.“[7]

Was Klee auf diese Weise sehr energisch akzentuiert, ist wieder die mediale Stellung des Künstlers, der dem Gestalt zu geben vermag, was ansonsten bei anderen Menschen, obwohl sie an dieser Medialität – wenn auch nur in geringem Maße – durchaus teilhaben, anonym ins Bizarre verblitzt. Dieser Medialität des Künstlers ist es auch geschuldet, daß er, da nicht gänzlich Herr dessen ist, was durch ihn hindurch Gestalt gewinnt, vor seinen eigenen Werken als Eigenem und Fremdem zugleich geradezu erschrecken kann. Dieses Problem wird greifbar in einem Gespräch mit Klee, das von dem späteren Kunstpädagogen und ehemaligen Schüler Klees, Hans-Friedrich Geist (1901–1978), überliefert ist. Geist und Klee saßen an einem Sommerabend auf der Terrasse von Klees Haus in Dessau. Der Mond war schon aufgegangen, man schwieg. „Plötzlich berührte Klee meinen Arm, neigte sich zu Boden, zeigte auf ein winziges schwarzes Etwas und sagte: ‚Da! Der Schatten einer Spinne!‘“[8] Man fragt sich, ob die Spinne ihren Schatten erkennt. „Klee lächelte. ‚Ja! Eine Spinne erkennt ihren Schatten. Sie sieht ihn an wie ein Fremdes – und weiß, daß er ihr Eigenes ist. Sie weiß es! Erschrickt sie oder genießt sie sich selbst?‘“[9]

So wie Klee diese Szene aufnimmt, scheint es naheliegend zu sein, daß er die Spinne als den Künstler versteht und ihren Schatten als Werk des Künstlers. Wenn man das Gespräch zwischen

7 Paul Klee, *Jenaer Vortrag 1924*, op. cit., p. [40].

8 Hans-Friedrich Geist, *Paul Klee*, Hamburg 1948, p. 17. Cf. zu Geist auch Otto Karl Werckmeister, *Versuche über Paul Klee*, Frankfurt/M. 1981, pp. 160 sqq. Dieses Buch über Klee ist durchaus interessant, aber manchmal ideologisch verbogen. Cf. etwa p. 159 zu Klees Jenaer Rede: „Und doch schlägt in den abschließenden Sätzen von Klees Rede ein zumindest vorpolitisches Bewußtsein über die Klassenbegrenzung seines Anspruchs durch.“

9 Geist, *Paul Klee*, op. cit., p. 18.

Geist und Klee in diesem Sinne weiterliest, erhält es eine eigenartige Dimension. Denn Klee nahm die Spinne auf und hielt die andere Hand über sie, um sie gegen das Mondlicht abzuschirmen, so daß ihr Schatten wieder im Dunklen verschwand. Klee: „Sie ist wieder bei sich, wieder im Dunkel, wieder Spinne! Ist auch ihr das Erschreckende das Licht' – Schweigen. ,Nicht im Licht kommen die Wesen zu sich selbst, sondern im Nicht-mehr-Licht! Daher, aus dem Dunkel, kommt ihnen die Kraft des Lebens, aus dem Leib der Finsternis. Daher leben alle Spinnen! – Der Schatten der Dinge ist nur die Erinnerung an ihr verborgenes Sein, an ihre Herkunft. – (...)[10] Wie vielen ertrinkt das Herz in ihrem eigenen Schatten? Erschrecken sie nicht! Sie genießen an ihm ihre unheimliche Existenz.' – Er lächelte wieder."[11]

Die Bildlichkeit Klees legt hier die Auslegung nahe, daß in der Zone der Dunkelheit, d.h. in der Zone der Verwurzelung des Künstlers seine werklose Identität haust, daß er aus dieser Dunkelheit herausgetreten in seinem Werk einen Schatten wirft, dessen Wurfdunkel Erinnerung an die lichtlose Zone seiner ursprünglichen werklosen Identität ist. Deshalb könnte auch der Schatten des Künstlers, sein Werk, für ihn selbst erschreckend sein, denn es zeugt von seinen Voraussetzungen, den Wurzeln seiner lichtlosen, dunklen Identität, die nichts Erfreuliches sein muß. Wenn man mit Schelling und Freud unheimlich das nennt, was im Verborgenen hätte bleiben sollen und doch hervorgetreten ist, dann ist das Werk des Künstlers ein Hervorgetretenes, ist nicht mehr das Heimliche seiner dunklen Identität, sondern das durchaus Unheimliche seiner offenbaren Existenz.

Die Bildlogik Klees erzwingt allerdings den Zusatz, daß der

10 An dieser Stelle finden sich eine Bemerkung Klees, auf die ich erst unten zu sprechen komme.

11 Cf. oben Anm. 9.

Schattenwurf des Künstlers, sein Werk, nicht durch ihn allein möglich ist, hier bedarf es eines Ins-Licht-Setzenden, ihn Bescheinenden, hier bedarf es in Klees Bild des Mondlichts. Aus einiger Entfernung spiegelt sich in dieser Bildlichkeit gewiß das Sonnengleichnis Platons, in Klees Variante als Mondgleichnis.[12]

Aufs Ganze gesehen ist das von Hans-Friedrich Geist übermittelte Gespräch mit Klee ein überaus plastischer Versuch, das Verhältnis Künstler und Werk in anderer Weise zugänglich zu machen als Klee es in seinem Jenaer Vortrag durch die Baum-Bildlichkeit von Wurzel-Stamm-Krone angeboten hatte. Klees Mondgleichnis akzentuiert eher den abgründigen Aspekt des Werkes, behält aber ebenso den Jenaer Gedanken bei, daß das Werk nicht umstandslos aus Voraussetzungen der künstlerischen Persönlichkeit allein zu klären ist, wenngleich ohne sie, was ja Klee auch in Jena nicht bestritten hatte, auch nicht. Sie bleiben notwendige, sind aber gewiß nicht hinreichende Bedingungen für das Verstehen des Werkes.

Das Denkwürdige ist nun, daß es für die Bildlichkeit, wie sie dem von Geist vermittelten Gespräch mit Klee zugrunde liegt, eine Parallele bei Novalis gibt, die der Botschaft Klees in seinem Mondgleichnis und vor allem auch seiner Jenaer Rede erstaunlich nahe kommt. So heißt es einmal im *Allgemeinen Brouillon* (1798/99): „Mit jedem Zuge der Vollendung springt das Werck [sic] vom Meister ab in mehr, als Raumformen – und so sieht mit dem lezten [sic] Zuge der Meister, sein vorgebliches Werck durch eine Gedankenkluft von sich getrennt – deren Weite er selbst kaum faßt – (...) In dem Augenblick, als es ganz Sein werden soll-

12 Ob das plastische Denken Klees immer an der Elle logischer Konsistenz zu messen ist, ist für das Stimulierende seiner Ideen nicht ausschlaggebend. Schulmeisterlich argumentiert hier etwa Marianne Vogel, *Zwischen Wort und Bild. Das schriftliche Werk Paul Klees und die Rolle der Sprache in seinem Denken und in seiner Kunst*, München 1992, pp. 43 sqq.: *Das inkonsistente Denken.*

te, ward es mehr, als er, sein Schöpfer – er zum unwissenden Organ und Eigenthum einer höheren Macht. Der Künstler gehört dem Wercke und nicht das Werck dem Künstler."[13] Es gibt noch andere Anklänge zwischen Novalis und Klee, die ich jetzt nicht im Einzelnen aufzählen möchte. Wichtig ist hier der Umstand, daß Klee offenbar aus Voraussetzungen der Frühromantik dachte, wie übrigens so viele moderne Künstler, wie z.B. auch Joseph Beuys.

Novalis ist jedenfalls in viel höherem Maße als das bislang in der Literatur deutlich geworden ist, ein Gesprächspartner für die Moderne gewesen. Er steht dem experimentellen und kombinatorischen Charakter der Moderne, auch mit seiner Verehrung des Zufalls, dem er mehr zutraut als eine rein statistische Größe zu sein, sehr viel näher als sonst ein Theoretiker.

Als ein erster Künstler hat übrigens 1786 Alexander Cozens (1717–1786), offenbar von Leonardo inspiriert, „seine eigenen Aquarelle (…) als ‚ein Erzeugnis des Zufalls, mit einem kleinen Maß an Gestaltung'", bezeichnet, wie bei Horst Bredekamp nachzulesen ist.[14] Bredekamp stützt diesen Befund auch durch überzeugende Verweise auf die moderne Malpraxis von Wang P'o-mo und Jackson Pollock.[15]

13 Novalis, *Das Allgemeine Brouillon (1798/1799)*, in: ders., *Schriften*, eds. Paul Kluckhohn/Richard Samuel, Bd. 3, Stuttgart/Berlin/Köln/Mainz, p. 411.

14 Cf. Horst Bredekamp, *Theorie des Bildakts. Frankfurter Adorno-Vorlesungen 2007*, Berlin 2010, p. 320. Bredekamp verweist hier auch auf Werner Busch, *Alexander Cozens' ‚blot'-Methode. Landschaftserfindungen als Naturwissenschaft*, in: Heinke Wunderlich (ed.), *Landschaft und Landschaften im achtzehnten Jahrhundert*, Heidelberg 1995, pp. 209–228, hier speziell p. 213. Cozens war ein aus Petersburg stammender englischer Landschaftsmaler.

15 Cf. Horst Bredekamp, *Theorie des Bildakts*, op. cit., p. 270. Bredekamp kommentiert: „dies [hat] weniger mit Zufall als vielmehr mit dem Ausagieren von Kräften zu tun, die durch den Künstler hindurchgehen." (ibid.) Das entspricht dem medialen Selbstverständnis des Künstlers, wie wir es auch von Klee kennen.

Vor allem ist Novalis nicht dem trüben Pathos einer sog. romantischen Bedeutsamkeit mit ihrem Hang ins Dunkle erlegen. Seine Romantik ist beweglich, ironisch, kompromißlos, silberhell, ohne allerdings die Eigentümlichkeit kreativen Gelingens zu verleugnen, das über alles argumentative und satzförmige Wissen, über alles Propositionale hinausweist.

Es handelt sich dann immer um ein Einfallsgeschehen von Daten in Muster ungewöhnlicher und unerwartbarer Bezüglichkeiten, das durchaus einen neuen magischen, d.h. veranlassungslosen Charakter aufweist. Dieser nicht-propositionale, intuitive, quasimagische Rest, der eine echte Grenze aller Erklärbarkeit darstellt, reicht über alle konstruktiven Ansprüche hinaus und wird in dieser Stellung selbstverständlich auch von Paul Klee anerkannt. In dem Gespräch mit Geist bemerkt er einmal: „'Wir konstruieren', sagte er, ,und doch ist Intuition immer noch eine gute Sache! Man kann ohne sie Beträchtliches, aber nicht alles. Man kann lange tun, Mancherlei tun, Wesentliches tun, aber nicht alles!'"[16] Wer diesen Rest noch zu erklären versucht, verliert sich nach Klee an das Schattenreich des Kreativen: „Der Schatten der Dinge ist nur die Erinnerung an ihr verborgenes Sein, an ihre Herkunft. – Wer ihn ablösen könnte mit scharfem Schnitt, ihn durchschauen, wenn er sich aufrichtet! Dieser Unersättliche! – Wie gut, daß wir ein Herz haben, ihn zu bannen!"[17]

Was Klee hier mit geradezu Goethescher Zurückhaltung anspricht, ist die Gefahr des Kreativen und Künstlers, an seinem eigenen Kreativitätsnarzismus zugrunde zu gehen, anstatt die eigene Schattenseite als solche einfach stehen zu lassen. Welchen Spielraum Klee seiner eigenen Unheimlichkeit in seinem Werk

16 Hans-Friedrich Geist, *Paul Klee*, op. cit., p. 20.
17 Hans-Friedrich Geist, *Paul Klee*, op. cit., p. 18.

eingeräumt hat, das bezeugt vor allem sein Spätwerk. Das wiederum hat vor allem Heidegger fasziniert. Denn hier scheint etwas auf, vor dem das, was wir unter ,Werk', ,Bild' und ,Kunst' verstehen, insgesamt problematisch wird.[18]

An diesem Saum der Bilddimension wird aber alles problematisch, so daß uns nur dies bleibt: auf einen Einfall zu warten. Daß Klees Werk zweifellos einen aparten Grenzgang im Bildnerischen dokumentiert, so daß, wie Klee in der Jenaer Rede sagt, der Künstler „vielleicht ohne es gerade zu wollen, Philosoph [ist]"[19], macht ihn mit seiner Stimme aus der Höhle des Kreativen für Philosophen zu einem natürlichen Gesprächspartner, von dem sie lernen können.

18 Cf. Günter Seubold, *Heideggers nachgelassene Klee-Notizen*, in: *Heidegger Studies* Bd. 9 (1993), p. 11.

19 Paul Klee, *Jenaer Rede 1924*, op. cit., p. [37].

## Onirische Poetik

An das hermetische Buch von Botho Strauss *Oniritti. Höhlenbilder*[1] läßt sich sicherlich aus verschiedenen Perspektiven herangehen. Ich will versuchen, es im Sinne einer ‚Poetik des abirrenden Wortes', von der Botho Strauss selber spricht,[2] in den Blick zu nehmen. Denn auch diese Poetik kann nur ‚in der Traumschule'[3] vermittelt werden, um gegen das *totum digitale* einigermaßen resistent zu werden.[4] Das scheint mir auch ein Kern des Anliegens seiner Poetik zu sein: gegen das *totum digitale* anschreiben. Warum? Um die Ergänzungsbedürftig der Welt zu sichern, die durch Algorithmen programmatisch verneint wird. Der Erfahrungsreichtum unserer Weltbegegnungen hängt gerade an dieser Ergänzungsmöglichkeit: „Die Poesie, so war's gedacht, möge ergänzen, was karg ist in den Schreien und Seufzern, was Tränen und Küssen noch fehlt ..."[5] Was fehlt ist jedesmal eine transintelligente Präsenz von Ungeahntem, ‚womit wir nicht gerechnet hatten': „Man mag so viele Intelligenzen prüfen, wie es gibt: Die poetische bleibt die einzig menschenwürdige."[6]

Botho Strauß hätte sicher nichts gegen den Einsatz digitaler Mittel, wo es um die Bewältigung großer Daten und Zahlenmen-

1 Erschienen München 2016 im Verlag Carl Hanser. Das Buch ist durchweg positiv aufgenommen worden, inhaltlich aber einigermaßen kärglich. Cf. u.a. Eberhard Geisler, *Die Tageszeitung* 7.1.2017; Ijoma Mangold, *Die Zeit* 5.1.2017; Christoph Bartmann *Süddeutsche Zeitung* 29.11.2016; Lorenz Jäger, *Frankfurter Allgemeine Zeitung* 26.11.2016.

2 Cf. *Oniritti*, op. cit., p. 82.

3 Ibid.

4 Cf. ibid,, auch p. 88, p. 166 et passim.

5 *Oniritti*, op cit., p. 255. Cf. auch p. 11: „Dabei gilt es, das bis zum Wesenlosen Aus-Differenzierte dem Ungesonderten neu zu verbinden, dem Stammzellgeweb des Wissens, dem alles noch möglich."

6 *Oniritti*, op. cit., p. 89.

gen geht, aber er wehrt sich dagegen, daß dieser gewiß nützliche Einsatz die Realität unserer Erfahrungsmöglichkeit komplett repräsentieren könnte. Was diese Mittel gänzlich außer sich haben, ist das, was die Poesie gerade evoziert, unsere Bereitschaft nämlich, uns ansprechen zu lassen. Dies setzt einen Zustand voraus, den Strauß „Zustand der Erwartung" nennt.[7] Diese Erwartung ist kein Hoffen auf den Ausgang einer Wette, sondern pure Empfangsbereitschaft, ein Zuhörenkönnen: „sie ist ja weder düster noch hell, sondern von Grund auf wachsam, horchend mit allen Sinnen und Zellen (…) empfangsbereit wie eine Parabolantenne, um noch die schwächsten Wellen aus dem unendlichen Raum zu empfangen."[8]

Strauß nimmt für seinen Entwurf einer Poetik Maß an der Art, wie uns im Traum das Übliche in unerwarteten Konstellationen eingerückt erscheint: „Das vielmals Gesehene, das scharf und fest Erkannte wird wieder unbekannt, aufgelöste Zusammenhänge, nie geschaute Vergrößerungen, Schnitte und Montagen, unterlegt mit völlig unerprobtem Sinn."[9] Solche Traum-Montagen sind ein Herzstück der onirischen Poetik von Botho Strauß. Sie sind aber nicht nur ihr Thema, sondern zugleich ihr Dokument. Daher auch der Titel *Oniritti*: von griechisch ὄνειρος, Traumgesicht, „verschränkt mit Graffiti, Bildschriften auf der Höhlenwand der Nacht."[10]

Diese Graffiti inszenieren sich in den Träumen von Botho Strauß in den Höhlen seiner Erinnerungen selbst: „*Oniritti* Ipse mihi theatrum: *Bin mir selbst 'ne volle Bühne …*[11] Davon legt sein

7 Ibid.
8 Ibid.
9 *Oniritti*, op. cit., p. 130 (im Original kursiv).
10 *Oniritti*, op. cit., p. 5.
11 *Oniritti*, op. cit., p.19/21.

Buch mit seinen Höhlenbildern, auch da, wo sie von Angst grundiert sind, Zeugnis ab. Schon mit dem „Akt der Geburt befiel ihn stage fright [Lampenfieber, W.H.]. Die Angst, hinauszutreten, eine Person zu sein. Hinausgeschickt zu werden in ein vollkommen unbekanntes Schauspiel, ohne zu wissen, welche Rolle man zu spielen, welchen Text man vor aller Welt zu sagen hat.“[12]

Die träumerische Signatur kennzeichnet nicht nur ihn selbst, sondern jede Weltbegegnung. Auch seinen Mitmenschen begegnet Botho Strauß nur als Traumgeburten: „Erst wenn Menschen in der hochauflösenden Überdeutlichkeit des Traums erscheinen, wenn sie ihre formende Form beweisen, werden sie mir lesbar und zugänglich. (...) Sie, die Impliziten, eingefaltet in den tausendfächrigen Traum, machen die Szene.“[13] Nicht das Diskrete macht die Szene, sondern das Indiskrete, das Onirische. Im *totum digitale* gibt es keine Szenen. Und das heißt letztlich: keine Menschen. Denn wenn es keine Szenen gibt, gibt es auch keine metaphorischen Bilder mehr: „Das Bildliche wie das Sinnbildliche verschwinden in den Ornamentfeldern technischer Visualisierungen.“[14] Dieser Schwund an onirischer Substanz tangiert insgesamt das, was wir Leben nennen: „Wozu aber träumen? Damit wir lernen: Leben heißt, Metaphernprobleme zu lösen.“[15] Auf dieser Negativfolie plaziert Botho Strauß auch seine Zivilisationskritik: „Noch fühlen die Heillosen sich pudelwohl. Am Ende dürfen sie sagen: Alles kleingekriegt. Von Gott bis Mensch, von Himmel bis Erde, von Seele bis Saat – alles kleingekriegt.“[16] Er spricht hier von einem „abgeschmackten Besserwissen“ und einer

12 *Oniritti*, op. cit. p. 173 (im Original kursiv).
13 *Oniritti*, op. cit. p. 45.
14 *Oniritti*, op. cit., p. 93.
15 *Oniritti*, op. cit., p. 96.
16 *Oniritti*, op. cit., p. 34.

„widernatürliche[n] Aufklärung“[17], meint aber immer Angriffe auf die onirische Substanz des Menschen, wie sie in ihrer früheren Phase als „Versorgungsgesellschaft für Götter“[18] und Frauen als *„hypnotrophische* Frauen“[19], also als ‚Traumernährerinnen‘ einmal kulturell bestimmend waren.

Eine onirische Poetik stellt vor allem hohe Anforderungen an die Sprache. Sie muß auf jeden Fall Nuancen gewachsen sein. Denn: „Die Enge des Ausgesagten, das Grundfalsche schon im Stil des Feststellens und Argumentierens. Der Mangel an Instinkt für Unsagbares kann jeden Satz ruinieren.“[20]

Eine onirische Poetik muß vor allem valeurs zur Sprache bringen, die diese selbst nicht fertig bereithält: „Nichts, auch Farben nicht, zeigt sich so subtil unterschieden wie Gefühlswerte. Und doch erfaßt die Sprache nur den gröbsten Teil der Varietät. Andererseits erzeugt sie bei künstlerischer Anwendung nicht selten erst jene Gefühle, die sie selbst nicht differenziert genug beschreiben kann.“[21] So wird die Kunst eine Ergänzung der Sprache, um eine Realität zu evozieren, die zwar da ist, aber eine Hervorrufung benötigt, um auf eine seltsame Weise – etwa im Stile von „Es wird sich weisen“[22] – zugänglich zu werden: „Nur das Gedicht hält, was das Leben verspricht.“[23]

Die onirische Poetik von Botho Strauß ruft das wieder auf, was er schon früher ‚Tiefenerinnerung‘ nannte.[24] Diese ist eine „Phan-

17 *Oniritti*, op. cit., p. 267.
18 *Oniritti*, op. cit., p. 155.
19 *Oniritti*, op. cit., p. 157.
20 *Oniritti*, op. cit., p. 91.
21 *Oniritti*, op. cit., p. 219 (im Original kursiv).
22 *Oniritti*, op. cit., p. 194. Hier fügt Strauß noch an: „Welch schön alte Wendung!“
23 *Oniritti*, op. cit., p. 277.
24 Cf. Botho Strauß, *Anschwellender Bocksgesang*, in: *Der Spiegel* Nr.6 (1993), pp. 202–207, im Folgenden ohne Seitenangaben zitiert nach www.spiegel.de/kultur/anschwellender-bocksgesang.

tasie des Verlustes (...). Eine Phantasie also des Dichters, von Homer bis Hölderlin." Sie trägt auch die Rechtschaffenden heute, sofern sie nicht in einer ‚Hypokrisie der öffentlichen Moral' erlegen sind. Hier schon wurde Strauß zu einem Seismographen dessen, was ist. Er ist kein Prophet: „Von der Gestalt der künftigen Tragödie wissen wir nichts. Wir hören nur den lauter werdenden Mysterienlärm, den Bocksgesang in der Tiefe unseres Handelns." Insofern sind die Rechtschaffenden nicht mit einer politisch Rechten zu verwechseln: „Der Rechte in solchem Sinn ist von dem Neonazi so weit entfernt wie der Fußballfreund vom Hooligan." In der Tat wurde Strauß von einigen seiner Kritiker vorgeworfen, im politischen Sinn ‚rechtsdriftig' zu sein. Davon kann jedoch keine Rede sein. Wofür er plädiert, ist allerdings eine kostbare Sensibilität für ein Überkommenes, die im ‚Aufklärungshochmut' unserer Zeit unter die Räder zu kommen droht. Auch dagegen schreibt er an, um also zu retten, was möglicherweise nicht mehr zu retten ist: „Der Leitbild-Wechsel, der längst fällig wäre, wird niemals stattfinden. Zum Sturz des faulen Befreiungszaubers, des subversiven Gemütskitsches wird es nicht kommen." Insofern gibt es tatsächlich wenig Hoffnung, „die erstickende, satte Konvention des intellektuellen Protestantismus (das einzige geistige Originalerzeugis der Bundesrepublik) hinter sich [zu] lasse[n]."

Man möchte geradezu sagen: Botho Strauß ‚zersorgt'[25] sich um den Zeitgeist, der mit Geist nichts mehr zu tun hat. Das weiß natürlich auch er und bemerkt süffisant: „Die Intelligenz der Massen hat ihren Sättigungsgrad erreicht. Unwahrscheinlich, daß

25 Die Wendung ‚zersorgen', wiewohl nicht ungewöhnlich, habe ich prominent und vor allem in anrührender Weise nur bei Stefan Zweig gefunden. Cf. ders., *Die Welt von Gestern. Erinnerungen eines Europäers* (1942), Köln 2013, p. 529: „Sie [die Österreicher zu Zeiten der Machtübernahme Hitlers, W.H.] lebten sorglos und glücklich dahin, indes ich, der deutlicher sah, mir das Herz zersorgte."

sie noch weiter fortschreitet, sich transzendiert und 10 Millionen RTL-Zuschauer zu Heideggerianern würden." Was in den Medien verlorengegangen ist, ist „die Würde und das Wunder des Zwiegesprächs, der Rede von Angesicht zu Angesicht."

Bedeutende Dichter und Poeten darf man nicht kommentieren, indem man ihre *façon de parler* beibehält. Das gilt auch für Botho Strauß. Sein bewegendes Motiv ist die Schonung und Freistellung einer zarten Individualität, die in einer brutal ökonomisierten und digitalisierten Gesellschaft unter die Räder kommt. Die Vergangenheit spricht zu uns und wir müssen antworten. Das können wir aber nur, wenn wir aus Eigenem sprechen. Genau das bleibt uns zumeist rätselhaft, weil wir die Rede von Angesicht zu Angesicht verlernt haben. Aber nur hier bringt sich unter Risiko eine zarte Individualität zu Wort. Strauß spielt hier auf Paulus an, bei dem es heißt: „Jetzt schauen wir durch einen Spiegel, unklar, /Dann aber von Angesicht zu Angesicht."[26] Bei Strauß wird das Göttliche in das Zwischenmenschliche importiert, Offenbarung wird durch Traum ersetzt. Das ist nicht neu[27], aber verbürgt aufs Neue den Adel und die Kostbarkeit jeder ungezwungenen

26 1. Cor. 13.12: *Videmus nunc per speculum in aenigmate* (ἐν αἰνίγματι): *nunc autem facie ad faciem* (πρόσωπον πρὸς πρόσωπον). Cf. mit Bezug zu Cusanus: Werner Beierwaltes, *Visio facialis: Sehen ins Angesicht. Zur Coinzidenz des endlichen und unendlichen Blicks bei Cusanus* (Bayerische Akademie der Wissenschaften, Sitzungsberichte der Philosophisch-historische Klasse, 1988 Heft 1), München 1988.

27 Der Surrealismus des vergangenen Jahrhunderts zehrt von diesem Junktim, auch von den Einsichten in die eigentümliche Traumregie, die der Psychoanalyse zu verdanken sind. Hierfür steht vor allem Salvador Dali, der Freud im Londoner Exil durch Vermittlung von Stefan Zweig am 19. Juli 1938 sogar einmal traf. Zweig berichtet: „Einmal, bei einem meiner letzten Besuche, nahm ich Salvador Dali mit, den meiner Meinung nach begabtesten Maler der neuen Generation, der Freud unermeßlich verehrte, und während ich mit Freud sprach, zeichnete er eine Skizze. Ich habe sie Freud nie zu zeigen gewagt, denn hellsichtig hatte Dali schon den Tod in ihm gebildet." (Stefan Zweig, *Die Welt von Gestern*, op. cit., p. 557)

Zuwendung, die, wenn gelingend, selten ist. Eine solche Seltenheit in Lebensverhältnissen verwalten die Künste. Gerade bei ihnen schimmert in diesen Seltenheiten immer etwas durch, das sich auch ihnen zwar entzieht, aber wohl gerade das ist, was die Betrachter fasziniert, weil sie eben so wenig wie die Künstler wissen, worum es in diesen Gestaltungen eigentlich geht. Niemand weiß es, und dennoch ist jeder von diesem unfaßbaren Hintergrund gebannt. Deshalb nannte Botho Strauß seine onirische Poetik auch *Oniritti*. Er schrieb Traumgraffiti ins Nichtgewußte hinein. Das Nichtsichtbare scheint im Sichtbaren auf, das Unverständliche im Verständlichen.

Aber warum schrieb Botho Strauß einen so riskanten Text? Um den Fängen unserer Gegenwartsbesessenheit zu entkommen. Dazu muß jede Gegenwart zumindest ihre Punktualität preisgeben, sie muß ‚dehnbar' werden und schluckt damit die Zeiten der Grammatik in einer großen Simultaneität. Dem dient sein Rückruf auf Goethes Gang zu den Müttern: „Es wird zu allen Zeiten nur mit dem Gang zu den Müttern möglich, daß man in eine dehnbare Gegenwart das tiefe Gedächtnis, das allen gehört, einberaumt. Kein anderer Gang, wieder und wieder eingeschlagen, wir eine ähnlich bespielbare Simultanbühne enthüllen. Sie entwirft uns eine postfuturale Lage, in der wir nichts Neues mehr wissen, ahnen oder betreiben werden; in der wir unermüdlich in einem abgeschlossenen Bewußtsein kreisen."[28] Hier schließt Strauß mit dem Geständnis der *erwachenden* Manto, der Tochter des blinden Sehers Teiresias in Goethes Faust II: „Ich harre, mich umkreist die Zeit."[29]

28 Ibid.

29 Ibid. Cf. Goethe, *Faust. Zweiter Teil* (Vers 7481), in: *Goethe. Hamburger Ausgabe*, ed. Erich Trunz, Bd. III, 8. Aufl. Hamburg 1967, p. 228. Goethe ist als Gewährsmann für Programmtitel sehr beliebt. Eine spektakuläre, von

Was Botho Strauß intendiert, ist eine symbolische Selbstbeisetzung als Selbstbefreiung, eine bis dato nicht bekannte Form der *coincidentia oppositorum*. Dieses Ziel läßt sich tatsächlich nur poetisch einlösen. Wieder entsprechend dem Satz von Goethe in der Rolle von Manto, wenige Zeilen später: „Den lieb' ich, der Unmögliches begehrt."[30]

Die Idee dieser Poetik hat also ihre Vorläufer, bleibt aber anspruchsvoll. Eine große Verwandtschaft mit Paul Klees *Schöpferischer Konfession* läßt sich ebenfalls nicht von der Hand weisen. Deren berühmter erster Satz lautet: „Kunst gibt nicht das Sichtbare wieder, sondern macht sichtbar."[31] Daß hier eine Berührung mit einer transintelligiblen Sphäre hergestellt wird, bestreitet Klee nicht: „Im obersten Kreis [der Kunst] steht hinter der Vieldeutigkeit ein letztes Geheimnis und das Licht des Intellekts erlischt kläglich."[32] Kurz: „Die Kunst spielt mit den letzten Dingen ein *unwissend* Spiel und erreicht sie doch!"[33]

Hegel hat das einmal bündig so ausgedrückt:

„Der Geist ist *Künstler*."[34]

Kasper König kuratierte Kunstausstellung vom 29. September bis zum 2. Dezember 1984 in Halle 13 der Messe Düsseldorf trug den Titel: *Von hier aus*. Die Herkunft dieses Titels, in der Handschrift von Joseph Beuys als Logo der Ausstellung verwendet, wird Goethe zugeschrieben, aber meist dessen Zeilen nach der Kanonade von Valmy: „Von hier und heute geht eine neue Epoche der Weltgeschichte aus, und ihr könnt sagen, ihr seid dabei gewesen." Statt dieser kanonadeninduzierten Äußerung Goethes wäre allerdings der von Mephistoteles begonnene und aufgrund einer Intervention von Faust im 5. Akt unvollendete Satz wesentlich plausibler. Mephistoteles: „Von hier aus – ." Faust: „Das verfluchte *Hier*!" (Vers 11233/34).

30 Goethe, op. cit., Vers 7488.

31 Paul Klee, *Schöpferische Konfession*, in: *Tribüne der Kunst und Zeit. Eine Schriftensammlung*, ed. Kasimir Edschmid, Berlin 1920, pp. 28–40, p. 28.

32 Paul Klee, *Konfession*, op. cit., p. 39.

33 Ibid.

34 Georg Wilhelm Friedrich Hegel, *Phänomenologie des Geistes*, ed. Johannes Hoffmeister, Hamburg 1952, p. 489. Dies ist der letzte Satz des Abschnitts über den *Geist als Werkmeister*. – Wenn man sich diese Kennzeichnung zu personalisieren getraut, paßt hierzu eine Bemerkung von Paul Valéry zu

## Was zeigt sich zuerst?

Gottfried Boehm hat den Ausdruck ‚ikonische Differenz' eingeführt, wahrscheinlich in Erinnerung an den Terminus ‚ontologische Differenz' von Martin Heidegger.[1]

Was besagt nun dieser Ausdruck ‚ikonische Differenz'? Gemeint ist damit der ‚Grundkontrast' zwischen sinnlicher Gestaltung und dem, was auf diese Weise Gestalt gefunden hat. Kurz: Die Differenz von materieller Faktur und ihrem Sinn. Das Verhältnis zueinander kann „vom Künstler auf irgendeine Weise optimiert"[2] werden so, daß im Materiellen, das farblich, klanglich oder sprachlich sein mag, „ein Sinn aufscheinen [kann], der *zugleich alles Faktische überbietet.*"[3]

Man könnte das hier Gemeinte auch als ‚onto-semantische Differenz' bezeichnen, die überall da inszeniert ist, wo Seiendes uns zugleich als Sinnhaftes begegnet, in jedem Signal, in jedem Zeichen, in jeder Signatur. Ernst Cassirer hat ungefähr dassel-

Einstein. Albert Einstein hielt am 9. und 12. November 1929 in Paris zwei Vorträge. Bei beiden war Valéry, der sich seinerzeit intensiv mit Mathematik und Physik beschäftigte, anwesend und notierte in seinen *Cahiers*: „Er erweist sich als großer Künstler, und er ist der einzige *Künstler* unter all diesen Wissenschaftlern." (Paul Valéry, *Caliers/Hefte, eds. Hartmut Köhler/Jürgen Schmidt-Radefeldt*, Bd.5, Frankfurt 1992, p. 413; cf. dazu die Anmerkungen p. 671.

1 Cf. *Gottfried* Boehm, *Was ist ein Bild?*, München 1994, pp. 29 sqq. – Die folgenden Abschnitte (7 bis 9) sind eine überarbeitete Version meines Beitrags *Protodeixis. Was zeigt sich zuerst?*,in: Gottfried Boehm/Sebastian Egenhofer/Cristian Spies (eds.), *Zeigen. Die Rhetorik des Sichtbaren*, München 2010, pp. 374–384. Eine anders abgewandelte Version dieses Beitrags von mir findet sich in Franz Engel/Sabine Marienberg (eds.), *Das Entgegenkommende Denken. Verstehen zwischen Form und Empfindung* (Actus et Imago, eds. Horst Bredekamp/Jürgen Trabant, Bd. XV), Berlin/Boston 2016, pp. 1–18.

2 Gottfried Boehm, *Was ist ein Bild?*, op. cit., p. 30.

3 Ibid.

be Phänomen unter den Titel ‚symbolische Prägnanz' gefaßt.[4] Hans Blumenberg wiederum würde sagen, daß der Ausdruck ‚ikonische Differenz' dem sehr nahekommt, was er ‚sekundäre Idealität' nennt, für dessen Verständnis wir einen ‚faktizitätsabhängigen Platonismus' benötigen.[5]

Das Phänomen wird eigentlich von niemandem bestritten, strittig ist allerdings seine Herkunft. Irgendwie hängt es mit der Menschwerdung zusammen, wenn denn für Menschen eine gewisse Sinnkompetenz wesentlich ist. Kant würde die fragliche Herkunft eben dieser ‚ikonischen Differenz' als ‚unerforschlich bezeichnen, Schelling und Hegel sicher nicht.

Wenn man sich also auf die Frage nach der Herkunft der ‚ikonischen Differenz' einläßt, muß man *es irgendwie* erklärlich machen, wie unsere Sensibilität für Sinnverhältnisse ‚geweckt' worden sein mag. Aber diese Ausdrucksweise, so harmlos sie zunächst klingt, übernimmt schon eine Hypothek. Denn was geweckt werden kann, muß ja gewissermaßen schlafend schon vorhanden sein. Für solche Implikaturen hatte vor allem Edmund Husserl ein feines Gespür: „Weckung ist möglich, weil der *(...)* Sinn im Hintergrundbewußtsein in der unlebendigen Form, die da Unbewußtsein heißt, wirklich impliziert ist."[6]

Was wir allerdings benötigen, ist sozusagen eine Erst-Weckung. Aber auch bei einer solchen muß im ‚Unbewußtsein' etwas implizit sein, etwas schlafen, das überhaupt ‚geweckt' werden kann. Was kann das sein? Bildhafte Sinnsedimente eines Schläfers kön-

4 Ernst Cassirer, *Philosophie der symbolischen Formen*, Bd. III, Darmstadt 1982, pp. 235 sq.

5 Cf. Hans Blumenberg, *Lebenszeit und Weltzeit*, Frankfurt 1986, p. 374.

6 Edmund Husserl, *Analysen zur passiven Synthesis*, ed. Margot Fleischer, *Husserliana* Bd. XI, Den Haag 1966, p. 179.

nen es ja bei einer Erst-Weckung noch nicht sein, der Schläfer soll ja erst für eine Registratur von Sinnsubstanzen geweckt werden.

Schlüssige Antworten auf diese und ähnliche Fragen gibt es nicht, es sei denn, man greift auf so aufwendige Konzeptionen wie die Schellings oder Hegels zurück, die den Geist schon in der Natur ‚schlafen' lassen. Das ist in meinen Augen zwar sympathisch, verpflichtet uns an dieser Stelle vielleicht zu früh auf einen spekulativen Systemrahmen.

Nützlich ist für unsere Zwecke, woran übrigens auch Gottfried Boehm erinnert, der Hinweis von Hans-Georg Gadamer, daß im Griechischen die Bildvorstellung am Lebendigen orientiert war, Bilder geradezu als Lebewesen, als *zoa* (ζῷα) bezeichnet wurden.[7] Dieser Umstand gibt uns einen Wink, den Ursprung für die Registratur von bildlichen Sinnsubstanzen in der Gewahrung von Lebendigem zu sehen. Bilder wären hiernach Tiere in den Gittern ihres Rahmens. Diesem Wink folgend, wird man sich auch erinnern wollen, daß die ersten Gegenstandsbezüge unserer uralten Vorfahren stets Bezüge auf etwas waren, das als *vivid* erfahren wurde. Jeder Gegenstand, auf den unsere Vorfahren zuerst Bezug nahmen, war gewissermaßen und mit Gadamer gesprochen ein dunkles Du.

Irgendwie begegnet uns in dieser frühen Welt – und daher unter Unwissen – nur unseresgleichen. Wie wir uns begegnen, begegnen wir allem. Kant spricht hier von einer „Übertragung unseres Selbstverständnisses" auf sonstige Objektverständnisse.[8] Dieses Übertragungsgeschehen, das Zeno Vendler mit *transference* übersetzt,[9] ist ein Kandidat für eine Erst-Erweckung. Was erst noch *Ich* werden soll, findet sich zuerst in dem, *was sich zeigt*.

7 Cf. Gottfried Boehm, *Was ist ein Bild?*, op. cit., p. 33 (Anm. 1).
8 *Kritik der reinen Vernunft* B 405, A 347.
9 Zeno Vendler, *The Matter of Minds*, Oxford 1984, p. 11 et passim.

*Sich*-Zeigen brauchen wir als Erstes. Das ist zugleich der Beginn kommunikativer Verhältnisse: sich selbst zeigt man nichts.

Erst wenn das dunkle Du lange genug schweigt, gewinnt es gegenständlichen Charakter, wird das Du zum Es. Aber jedes Es kann wieder aufwachen, ebenso wir ein Vulkan nach langer Zeit wieder ausbrechen kann. Dieses Aufwachen des Es ist manchmal ersehnt, manchmal aber auch befürchtet. So wenn z.B. Aby Warburg zum Bild sagt: „Du lebst und thust mir nichts."[10]

10 Cf. hierzu Horst Bredekamp, ‚*Du lebst und thust mir nichts*'. *Anmerkungen zur Aktualität Aby Warburgs*, in: Horst Bredekamp, Michael Diers, Charlotte Schoell-Glass (eds.), *Aby Warburg* (Akten des internationalen Symposions in Hamburg 1990), Weinheim 1991, pp. 1–7. – Von zentraler Bedeutung ist hier auch der Einfluß von Tito Vignoli auf den jungen Warburg. Der Kontakt zu diesem Autor wurde Warburg während seines Studiums in Bonn durch Hermann Usener vermittelt. Cf. hierzu Bernd Villhauer, *Aby Warburgs Theorie der Kultur*, Berlin 2002, pp. 17 sqq.

## Minimalanimismus

Man wird einräumen müssen, daß der uns eigentümliche Sachkontakt ursprünglich ein Personalbezug unter Unwissen war. Wenn wir von Referenz reden, dann müssen wir auch von Transferenz reden. Kontrapositiv: ohne Transferenz, keine Referenz.[1] Wir sind von dem, was uns entgegentritt, und das ist, was *sich* uns zuerst zeigt, wie angetan, aufgerufen, gebannt, betört oder erschreckt, wissen aber nicht, warum und wieso. Es handelt sich zunächst bloß um ein emotionales Echo unter Unwissen.

In den Facetten solcher Echo-Reaktionen tritt uns der Gegenstand der Bezugnahme als ein Veranlassendes entgegen, als ein uns Tönendes, auf uns Einwirkendes. Wie jede personale Begegnung ist der erst später sogenannte Sachbezug der Referenz in diesem Sinne ursprünglich ein partizipatives Resonanzphänomen. Wir sind also in jeder Sachzuwendung nicht bloß aktiv oder bloß passiv, sondern im Sinne der griechischen Grammatik medial. Diese Medialität ist der bisherigen Erkenntnistheorie, die in der Regel nur mit *Handlungen* und *Widerfahrnissen* operiert, völlig entgangen. Im Griechischen ist schon jedes Sehen (αἰσθάνομαι) nicht bloß ‚aktiv' oder ‚passiv', sondern ‚medial' (sehe für mich) verstanden. Im Sehen ist schon eine Reflexivität eingebaut, die erkenntnistheoretisch nicht unterschlagen werden darf, aber vor allem von allen Empiristen unterschlagen worden ist. Zugespitzt formuliert: Im Sehen trete ich mir im Gesehenen immer auch als einem mich Sehenden entgegen. Hier brauchen wir in der Tat ein Sich-zeigen, aber von einem Zeigen ist noch gar keine Rede.

1 Hier *verwende* ich Material aus Wolfram Hogrebe *Das dunkle Du*, in: Jens Halfwassen/Markus Gabriel (eds.), *Die Wirklichkeit des Denkens. Vorträge der Gadamer-Professur*, Heidelberg 2007, pp. 11 sqq.

Diesen primären Sachkontakt müßte man, wenn er hier korrekt gefaßt ist, in der Theorie eines initialen Minimalanimismus einfangen.[2] In diesem wäre es zulässig, daß wir uns in jedem Sachbezug fragen dürfen: Was will mir das sagen? In jeder Bezugnahme auf Dinge oder Sachen wäre dann ein partizipatives Moment eingebaut derart, daß wir, um die referenzielle Zuwendung überhaupt realisieren zu können, demjenigen, dem wir uns zuwenden, gewissermaßen ein partnerschaftliches Du anbieten. Auch wenn wir bloß etwas ‚meinen', bleibt dieser ursprüngliche Personalbezug erhalten. Wittgenstein hat das so ausgedrückt: „meinen ist, wie wenn man auf jemanden zugeht."[3] Bevor wir noch zeigen, in ein *Zeigefeld* eintreten, wie Gottfried Boehm mit Karl Bühler sagt, müssen wir mit einer protodeiktischen *Zuwendung*, mit einem protodeiktischen *Zugehen-auf* im Sinne Wittgensteins rechnen.

Von solchen riskanten Erwägungen, wie sie in diesen Wendungen gewiß manchen erscheinen mögen, sind die gängigen Referenztheorien der Philosophie auch weit entfernt. Willard Van Orman Quine untersucht die Wurzeln der Referenz und erwägt anfangs immerhin die Einbeziehung der Ergebnisse der Gestaltpsychologie, aber schon diese sind ihm als Physikalisten ‚genant'. Gestalten sind ja auch in ein physikalistisches Vokabular leider nicht übersetzbar. Und so startet er seinen *turn* in Sachen Referenz in angestrengter Seriosität, „indem wir auf das Bewußtsein

2 Damit wird der Animismus erkenntnistheoretisch interessanter als er gewöhnlich ‚von oben herab' behandelt wird. Cf. schon Paul Radin, *Primitive Man as Philosopher*, New York 1957[2]. Auf diesen Autor hat mit Recht schon Panajotis Kondylis hingewiesen (ders., *Die Aufklärung im Rahmen des neuzeitlichen Rationalismus* (1981), München 1986, p. 9 Anm. 1: „P. Radin hat gezeigt, daß die animistische Weltanschauung als philosophische Leistung eingestuft werden muß. (...) In seiner Kritik an Lévy-Bruhls Trennung zwischen ‚rationalem' und ‚irrationalem' Denken hat Lévy-Strauss die Resultate Radins nach 35 Jahren weitgehend bestätigt."

3 Ludwig Wittgenstein, *Philosophische Untersuchungen*, Frankfurt 1967, Nr. 457 p. 164.

verzichten und unmittelbar von den physikalischen Eingabegrößen an den Sinnesrezeptoren sprechen."[4]

Keine Frage, daß dieser Start im Rahmen eines naturalistischen Forschungsprogramms nicht zu beanstanden ist. Wohl aber als philosophisches Programm einer Aufklärung über Hintergründe des Wissens, die mit partizipativen Einverständnissen rechnen müssen, die im Vordergrund gar nicht thematisiert werden können. Deshalb muten auch Quines Spekulationen über Situationen radikaler Übersetzungen so künstlich an, weil sie ein szenisches und partizipatives Verstehen gar nicht erst in Betracht ziehen und für eine Klärung von Verstehen überhaupt nur auf Reiz und Kausalität setzen.[5]

Allerdings ist die Geschichte philosophischer Referenztheorien u.a. von Gottlob Frege (1848–1925) über Bertrand Russell (1872–1970), Peter Strawson (1919–2006), John Searle (*1932) , Keith Donnellan (1931–2015), Saul Kripke (1940–2022) und Hilary Putnam (1926–2016) bis zu Gareth Evans[6] (1946–1980) und Robert Brandom (*1950) gleichwohl durch den Trend gekennzeichnet, den sozialen und kommunikativen Aspekt des Referierens immer deutlicher zu akzentuieren. Schon in unsere Bezugnahme auf Gegenstände, so sah man schließlich ein, ist eine soziale Komponente eingebaut. Alle Theorien dieser Tradition erfassen

4 Willard Van Orman Quine, *Die Wurzeln der Referenz* (1974), Frankfurt 1976, p. 18. Bei Quine hat man immer den Eindruck, daß er als Philosoph eigentlich mehr weiß als er als Wissenschaftler sagt, bloß um seinen Status als Gesprächspartner von Physikern und Ökonomen in Harvard nicht zu gefährden. Jedenfalls war das mein Eindruck aus persönlichen Begegnungen mit ihm.

5 Cf. Willard Van Orman Quine, *Wort und Gegenstand* (1960), Stuttgart 1980.

6 Cf. dessen Standardwerk *Varieties of Reference*, ed. John MacDowell, Oxford 1982; deutsch *Spielarten der Bezugnahme*, trad. Joachim Schulte, Berlin 2018.

ganz gewiß wichtige Aspekte unserer *sprachlichen* Maschinerie in ihrem referenziellen Funktionieren. Sie erfassen aber nicht den primären Sachkontakt, der vom Typ einer Zuwendung unter Unkenntnis oder Nichtwissen ist. Referenz beginnt transferenziell als veranlaßte Übertragung, d.h. szenisch und intim wie im Zwiegespräch mit einer Katze oder hingewandt wie im Vernehmen eines fernen Klangs. Die *adaequatio* der *adaequatio rei et intellectus* empfiehlt sich an der Basis als ein musikalisches Phänomen, als Klangvernehmen.

Das korrespondiert wieder mit einer Bemerkung von Wittgenstein: „Das Verstehen eines Satzes in der Sprache ist dem Verstehen eines Themas in der Musik viel verwandter als man etwa glaubt."[7] Daß wir einem solchen Sachkontakt schon als Kinder gewachsen sein müssen, zeigt sich immer auch dann, wenn es uns die Sprache verschlägt, wenn wir angesichts einer Sachlage völlig perplex sind. Wir sind dann überrascht und fühlen uns unangenehm oder auch erfreut in ein Nichtwissen hineingestellt. Hier greift unsere Deutungsnatur in einer subkommunikativen Weise durch, die in den Theorien der Referenz nicht diskutiert wird.

Das Merkwürdige ist nun, daß ausgerechnet schon Gottlob Frege auf diesen primären Sachkontakt in subtilen Erwägungen eingegangen ist.[8] Seine Ausgangsüberlegung ist die: Wie können wir sicherstellen, daß wir zu einem wechselseitigen Verstehen auch dann gelangen können, wenn wir unter Unwissen kommu-

7 Wittgenstein, *Philosophische Untersuchungen*, op. cit., Nr. 527, p. 176. Cf. auf derselben Seite auch Nr. 531: „Wir reden vom Verstehen eines Satzes in dem Sinne, in welchem er durch einen anderen ersetzt werden kann, der das Gleiche sagt; aber auch in dem Sinne, in welchem er durch keinen anderen ersetzt werden kann. (So wenig wie ein musikalisches Thema durch ein anderes)."

8 Cf. zum Folgenden Wolfram Hogrebe, *Echo des Nichtwissens*, Berlin 2006, pp. 67 sqq.

nizieren? Beispiel für diesen Fall ist für ihn, daß wir manchmal gewisse Worte, deren Bedeutung wir kommunikativ vermitteln wollen, nicht definieren können. Ursprüngliches *zeigt sich* auch bei Frege da, wo sein logischer Security-Service brüchig wird.

Definitionen sind nämlich nach Freges Auffassung, die man nicht teilen muß, nur dann möglich, wenn wir die Bedeutung eines Wortes in Komponenten zerlegen können, um sie dann in einer Definition wieder neu zusammenzusetzen. Der Begriff ‚Mensch' wird in seine Komponenten ‚ungefiedert' und ‚Zweibeiner' zerlegt, um dann als ‚ungefiederter Zweibeiner' definiert zu werden. Diese definitorische Praxis rechnet Frege daher sehr plastisch einer semantischen Chemie zu.

Wenn daher eine solche Zerlegung bzw. Zusammensetzung nicht möglich ist, dann ist nach Freges Auffassung auch keine Definition möglich. Genau damit rechnet auch Frege, ungern zwar, aber er tut es: „Wir müssen logische Urelemente anerkennen, die nicht definierbar sind."[9] Zu solchen ‚logischen Urelementen' gehören nach Frege leider auch einige Prinzentermini von Philosophie und Mathematik, Termini wie *Punkt* und *Funktion*. Sie alle sind nach Frege nicht definierbar, da sie nicht zerlegbar sind, sie sind eben elementar.

Gerade deshalb entsteht hier für ihn das Problem, wie wir, wenn das so ist, solche Terme überhaupt verstehen können. Und selbst wenn wir das geklärt hätten, entsteht sofort ein weiteres Problem, nämlich, wie wir *anderen* die Bedeutung dieser Terme überhaupt vermitteln können. Da wir diese kommunikative Vermittlungsleistung durch Angabe einer Definition in solchen Fällen also nicht bewältigen können, müssen wir auf andere Hilfs-

9 Gottlob Frege, Über die Grundlagen der Geometrie, in: ders., *Kleine Schriften*, ed. Ignacio Angelelli, Darmstadt 1967, p. 288.

mittel zurückgreifen. Denn wenn wir nicht definieren können, könnten wir immerhin noch explizieren. Und so dürfen wir *faute de mieux*, so Frege, auf etwas so Unsicheres und Gebrechliches wie ‚Erläuterungen' zurückgreifen. Erläuterungen von Wortbedeutungen werden mit Hilfe von Beispielen expliziert, die in der Regel der „Gebrauchsweise"[10] von Wörtern folgen, wie hier Frege im späteren *sound* von Wittgenstein sagt. Und er ergänzt: „ohne eine Bildlichkeit des Ausdruckes wird oft nicht auszukommen sein".[11] Auch ohne Unterstützung von Gesten und Gebärden nicht, wie Gottfried Boehm bemerkte.

Gerade deshalb vermögen ‚Erläuterungen' ein Verstehen zwar zu stimulieren, aber nicht zu erzwingen. Daher werden sie, wie man im letzten Jahrhundert in der Erlanger Schule *more aristotelico* von den Prädikatorenregeln sagte, nur einen *protreptischen* Status haben. Sie dienen dazu, wie auch Frege wörtlich sagt, „auf das Gemeinte hinzuführen".[12] Insofern gehören solche Erläuterungen nur in das Vorfeld einer Wissenschaft, sie gehören dieser selbst nicht an. Man kann sie, so Frege im *sound* der späteren Erlanger Schule, „einer Propädeutik zuweisen".[13]

Frege, der sich in solche Zonen der Reflexion nur höchst ungern begab, machte sich auch keinerlei Illusionen darüber, daß der Preis auch nur für das Erreichen eines ‚praktischen' Ziels der Verständigung ein hoher ist. Hier wird er aber dennoch, wenn auch notgedrungen, zu einem sensiblen Hermeneuten, als den man ihn in der Literatur, wenn überhaupt, zumindest nur selten wahr-

10 Gottlob Frege, *Erkenntnisquellen der Mathematik und Naturwissenschaften*, in: ders., *Nachgelassene Schriften*, eds. Hans Hermes/Friedrich Kaulbach, Hamburg 1969, p. 290.

11 Gottlob Frege, Über die Grundlagen der Geometrie, op. cit., p.288.

12 Gottlob Frege, *Logik in der Mathematik*, in: ders., *Nachgelassene Schriften*, op. cit., p. 254.

13 Gottlob Frege, Über die Grundlagen der Geometrie, op. cit., p. 288.

nimmt. So ist es für ihn keine Frage, daß man auf Seiten derer, denen solche Erläuterungen gegeben werden, stets auch mit „etwas gutem Willen, auf ein entgegenkommendes Verständnis, auf Erraten“[14] rechnen können muß.

Ein solches ‚entgegenkommendes Verstehen‘ benötigt man nach Frege auch dann, wenn man sich dem Spracherwerb von Kindern zuwendet. Wie kann ein Kind, das über keinerlei Sprache verfügt, eine solche überhaupt lernen? Auf diese Frage, wie Kinder sprachlos in den Spracherwerb überhaupt eintreten können, antwortet Frege mit dem überraschenden Hinweis: „Man muß bei ihnen mit einem entgegenkommenden Verständnis rechnen können, ebenso wie bei den Tieren, die mit dem Menschen zu einem gegenseitigen Verstehen gelangen können.“[15] Kinder und Tiere verfügen also, so Frege, womit man wenigstens rechnen können muß, über ein entgegenkommendes Verstehen, um in ein reziprokes Verstehen, in ein Zwiegespräch also, überhaupt eintreten zu können.

Es gibt mithin, um unsere Erwägungen hier zu bilanzieren, auch für Frege so etwas wie kognitive *Ausdrucksschranken*, Grenzen der Definierbarkeit, die aber auch für ihn keineswegs zugleich *Verstehensschranken* sind. Unsere Fähigkeit eines explikativen Verstehens auf der Basis eines unterstellten entgegenkommenden Verstehens reicht auch für Frege weiter als unsere definitorische Kompetenz. In dieser bei Frege unvermuteten Einsicht haben wir ein Echo der Einsicht Kants, daß unser Denken und Verstehen weiterreicht als unser objektives Erkennen. Gerade das ist ja das Kardinalergebnis seiner *Kritik der reinen Vernunft*.

14 Ibid.
15 Gottlob Frege, *Erkenntnisquellen der Mathematik und Naturwissenschaften*,

Unsere These, daß der von den gängigen Referenztheorien ignorierte Primärkontakt mit dem, dem wir uns zuwenden oder worauf wir *später* mit indexikalischen Ausdrücken referieren oder zeigen, zunächst vom Typ einer personalen Zuwendung ist bzw. vom Typ einer Zuwendung, die dieser noch vorhergeht, also präpersonal ist, ist natürlich auch anderen Denkern nicht verborgen geblieben. Auch Stanley Cavell plädiert dafür, daß es durchaus Sinn macht, davon auszugehen, daß unsere erste, d.h. natürliche oder biologisch primitive Zuwendung zu was auch immer, eine Zuwendung zu etwas Belebtem ist: „human perception is of (outward) things (…) as animated."[1]

Auf dieser Basis unserer Weltzuwendung erklärt sich, auch für Cavell, zwanglos unsere Fähigkeit zu empathischen Zuwendungen, wie sie für unseren Umgang miteinander, vor allem auch für das Arzt-Patienten-Verhältnis von elementarer Bedeutung ist. Auf dieser Basis steht auch der Hermeneut, wenn er sein auslegendes, verstehendes Geschäft soweit ausdehnt, daß ihm alles zum Gesprächspartner wird: alles kann uns dann ansprechen. Auf dieses universalisierte Sprachverhältnis gründet Hans-Georg Gadamer auch den Universalitätsanspruch der Hermeneutik: „So reden wir

1 Stanley Cavell, *The Claim of Reason: Wittgenstein, Skepticism, Morality, and Tragedy*, Oxford/New York 1979, p. 441. (Deutsch trad. Christiane Goldmann, Stanley Cavell, *Der Anspruch der Vernunft: Wittgenstein, Skeptizismus, Moral und Tragödie*, Frankfurt 2006.) Hier bemerkt Cavell, es mache Sinn „to suppose that the natural (or the biological more primitive) condition of human perception is of (outward) things, wether objects or persons, as animated; so that the seeing of objects as object (i.e., seeing them objectively, as not animated) that ist he sophisticated development." Stanley Cavell war sicher von Paul Radin beeinflußt.

ja nicht nur von einer Sprache der Natur, [sondern] überhaupt von einer Sprache, die die Dinge führen."[2]

Mit solchen Befunden findet man auch zwanglos Anschluß an die alte Debatte um eine animistische Frühphase der Menschheit, die zuerst von Sir Edward Tylor (1832–1917) aufgelegt wurde. Den Ausdruck ‚Animismus' übernahm Tylor von Georg Ernst Stahl (1660–1734) aus dessen Hauptwerk *Theoria medica vera* (Halle 1707).[3] Es ging Tylor darum eine ‚Minimaldefinition' des religiösen Phänomens im Sinne eines Glaubens an ‚geistige Wesen' bereitzustellen.[4] Im Lichte dieses von Tylor postulierten ursprünglichen Animismus gewinnen wir eine Welt, in der schlichtweg alles beseelt ist.[5]

Von der Anthropologie Tylors wanderte der Ausdruck dann in die Psychoanalyse. 1913 erschien der Aufsatz *Animismus, Magie und Allmacht der Gedanken* von Sigmund Freud in der Zeitschrift *Imago*. Von der Psychoanalyse gelang der Ausdruck dann natürlich auch in die empirische Psychologie. Jean Piaget übernahm den Ausdruck, um damit ein frühes Stadium des adoleszenten Weltbildes zu charakterisieren. In seinem Buch *Das Weltbild des Kindes* (*La représentation du monde chez l'enfant*, Paris 1926)[6] unterscheidet Piaget im Wesentlichen vier animistische Stadien in der psychischen Entwicklung des Kindes: „Am Ausgangspunkt

2 Hans-Georg Gadamer, *Wahrheit und Methode. Grundzüge einer philosophischen Hermeneutik*, Tübingen 1965², p. 450.

3 In seinem Buch *Die Anfänge der Cultur: Untersuchungen über die Entwicklung der Mythologie, Philosophie, Religion, Kunst und Sitte*, Leipzig 1873 (Originaltitel *Primitive Culture*, 1871) verweist Tylor in einer Anmerkung p. 419 selbst auf Stahl.

4 Tylor, *Anfänge*, op. cit., p. 418.

5 Cf. dazu die Ausführungen von Tylor im 11. Kap. *Animismus* seines Buches *Anfänge*, op. cit. pp. 411 sqq.

6 Jean Piaget, *Das Weltbild des Kindes*, Stuttgart 1978, pp. 192 sqq.

des Denkens finden wir ein protoplasmatisches Bewußtsein, das keinen Unterschied zwischen dem Ich und den Dingen macht."[7]

Aus diesem protoplasmatischen Bewußtsein, so darf man mutig schließen, hat sich die ikonische Differenz von Gottfried Boehm entwickelt. Aber wie können wir es erklärlich machen, daß Bilder wie Lebewesen sind? Daß Bilder Objekte einer kunstwissenschaftlichen Untersuchung sind, war Horst Bredekamp zuwenig. Er will sie als Partner, Ansprechpartner, als Gegner und Kontrahenten. Um das zu erreichen, müssen Bilder zunächst einmal auch intentional handeln können. Ausgreifend versuchte er auf diesem Wege spätestens seit 2005 anläßlich der ihm angetragenen Gadamer-Professur mit einer Vorlesung in der Alten Aula der Universität Heidelberg eine Theorie des *Bildakts* vorzustellen, die in der Tat einen bedeutenden Versuch darstellt, Bilder zu animieren.[8]

Eingangs beruft sich Bredekamp auf frühere Verwendungen des Ausdrucks ‚Bildakt' bei Jan Assman, Liza Bakewell und Peter J. Bräunlein. Schließlich bezieht er sich auf ein Buch von Tom J. Mitchell *What Do Pictures Want? The Lives and Loves of Images* (Chicago/London 2005), das in der Tat auf ein Eigenleben der Bilder rekurriert, wie auch er, Horst Bredekamp, es etablieren will und dies inzwischen in einer großen Arbeit auch faktisch realisiert hat.[9] Für diesen Versuch einer *Bildanimation* bediente sich Bredekamp seinerzeit eines Rückgriffs auf Friedrich Schiller. In einen ästhetischen Gegenstandsbezug treten wir nach Schiller genau dann ein, wenn wir dem sinnlichen Gegenstand gewissermaßen das *moralische Du* anbieten. Wir investieren in den Gegen-

7 Jean Piaget, *Das Weltbild*, op. cit., p. 192.

8 Diesen Heidelberger Vortrag wiederholte Horst Bredekamp am 30.6.2005 in der Focus-Gruppe *Bild und Bildlichkeit* im Wissenschaftskolleg zu Berlin. Das Manuskript ist der hier zitierte Text

9 Horst Bredekamp, *Theorie des Bildakts*, Berlin 2010. Auf diese Arbeit bin ich oben schon eingegangen.

stand das, was wir in Dinge als Personen investieren und was wir selbst zu sein beanspruchen, nämlich freie Wesen zu sein. Das ist die Übertragung, die Transferenz, von der Kant sprach.

Gerade dadurch, daß wir den sinnlichen Gegenstand durch diese Investition zu einem Du adeln, tritt er uns als selbstbestimmter, autonomer Gegenstand entgegen, der sich z.B. auch seine Gestalt gewissermaßen frei gewählt haben konnte. Die Chance, daß uns der Gegenstand seiner Form nach als schön erscheint, hängt dann genau daran, daß er uns gerade so erscheint, als ob er sich seine Gestalt und Form effektiv selbst frei gewählt hätte.

Eine solche Als-ob-Betrachtung ist nicht unkantisch. Wir praktizieren sie Kant zufolge auch da, wo wir biologische Gegenstände so betrachten, *als ob* sie zweckmäßig organisiert seien, obwohl natürlich in der Natur von Zweckmäßigkeiten gar keine Rede sein kann. In exakt diesem Sinne entwirft Schiller eine regulative ästhetische Vernunft, die die Dinge so betrachtet *als ob* sie sich ihre Form selbst gewählt hätten.

Mit diesem Ergebnis ist das Beweisziel Horst Bredekamps, daß nämlich uns Bilder als Akteure entgegentreten können, im Prinzip bereits erreicht. Wir müssen sie nur analog zu Schillers Konzept schöner Gegenstände modellieren. Bilder sind hiernach dann handlungsfähig, wenn wir sie so auffassen, daß sie sich ihre Form gewissermaßen selbst gewählt hätten. Und das tun wir in der Tat und subtrahieren den Künstler. Bilder treten uns auf diese Weise als von außen kommende Gestalten entgegen, die ein Eigenleben führen und eben deshalb auch bedrohlich oder betörend erscheinen können.

Es ist hier wie in der Musik. Die siebte Symphonie von Beethoven und natürlich nicht nur sie erreicht unser Ohr, als ob sie aus einer anderen Welt herüberklingt. Das mag eine überschwengliche Charakterisierung sein. „Man darf sich“, wie Jean-Paul Sartre richtig gesehen hat, „nicht einbilden, daß sie [die Symponie,W. H.] in einer anderen Welt existiert, in einem intelligiblen Himmel. Sie ist nicht einfach da (...) außerhalb von Zeit und Raum (...) ich höre sie [vielmehr, W.H.] im Imaginären.“[10]

Paul Valéry, kein Freund des Vagen oder vorschneller Metaphysik, faßt die von Philosophen nicht geliebten Verhältnisse so zusammen: „Wir sind von Natur aus dazu verdammt, im Imaginären zu leben.“[11]

Das Imaginäre ist für Valéry die Dimension der Alternativen, der Varianten, der Abweichungen und Andeutungen. Abweichungen und Andeutungen sind daher das, was unseren Geist belebt. Die koinzidierte *deviatio* lebt von dem, wovon sie sich entfernt. Wovon sie sich entfernt, scheint etwas zu sein, von dem wir effektiv nichts wissen können. Was immer eine Selbigkeit ist, sie muß sich deklinieren, sonst verblitzt sie. Und erst in dieser Deklination gibt es so etwas wie Geist und Intelligenz. Valéry hat das in einem poetologischen Zusammenhang einmal so gebündelt: „Intelligenz ist definiert durch die Anzahl der Varianten.“[12]

Machen wir uns nichts vor: Im Imaginären, im Reich der Varianten, Abweichungen, Ausnahmen und Andeutungen hören wir nicht nur Symphonien, sondern sehen wir auch Bilder, verstehen wir Zahlen, Gleichungen und Bedeutungen, hoffen und bitten wir, sind wir im Sinne Robert Musils *Möglichkeitsmenschen* und nur als solche intelligente Wesen. Das Selbige bricht sich in seinen Deklinationen, um zu sein. Es existiert nur als *coup d‘ etat de soi*

10 Jean-Paul Sartre, *Das Imaginäre*, Hamburg 1971, p. 298.

11 Paul Valéry, *Werke* (Frankfurter Ausgabe in 7 Bänden), ed. Jürgen Schmidt-Radefeldt, Bd. 1, *Dichtung und Prosa,* eds. Karl Alfred Blüher/Jürgen Schmidt-Radefeldt, Frankfurt 1992, p. 383.

12 Paul Valéry, *Cahiers/Hefte*, eds. Hartmut Köhler/Jürgen Schmidt-Radefeldt, Bd. 1, trads. Markus Jakob/Hartmut Köhler/Jürgen Schmidt-Radefeldt/Corona Schmiele/Karin Wais, Frankfurt 1987, p. 324.

*même.* Daher werden wir aufs Ganze gesehen eine tiefgreifende Inkommenurabilität nicht los.

Das ist jedenfalls eine effektive Grenze jeder Form eines reduktionistischen identitären Naturalismus, wie er in vielen Varianten in unseren Zeiten so beliebt ist. Man kann das continentale Eine nicht aufgeben, aber man ‚hat' es gemäß cusanischer Tradition nur in seinen Entzweiungen.

Die Frage ist nur: Was besagt das? Stürzen wir auf diese Weise nicht in ein fragmentiertes Milieu, dem alle Stabilitäten abhandengekommen sind?

## Limitative Perspektiven

Wollte man eine Art Rechenschaftsbericht über den Stand der philosophischen Forschung am Ende des 20. Jahrhunderts in Angriff nehmen, würden Ergebnisse eine prominente Rolle spielen, die insgesamt limitativen Charakter tragen und zur Bescheidenheit ohne Resignation anhalten.[1] Wenn wir die Diskussionen im Bereich der Erkenntnistheorie überschlagen, die den Fragen der Verläßlichkeit unseres Wissens nachgegangen sind, dann ist hier zumindest soviel deutlich geworden, daß die Klärung der Wahrheitsbedingungen, der Rechtfertigung unserer Meinungen, jedenfalls immer nur das Ergebnis auswerfen, daß wir niemals über garantierende (*guaranteeing*), sondern bestenfalls über autorisierende (*authorizing*) Kriterien für Wissen verfügen (Nicholas Rescher). D.h., unsere Intuition von Wissen wird sich in barer Münze in jedem Einzelfall wohl nicht auszahlen lassen. Wir müssen uns daher mit mehr oder weniger gut begründeten Meinungen begnügen müssen, die von einer ‚Ethik des Meinens' (Peter Bieri) verwaltet werden.

Allerdings ist auch dann noch der Status dieser Meinungen unklar. Denn es ist immer noch nicht deutlich, in welchem kausalen, repräsentierenden oder sonst wie symbolischen Verhältnis Meinungen zur Realität stehen. Wenn der Zusammenhang unserer Meinungen mit der Welt zwar im Sinne gut bestätigter Meinungen postuliert, aber in seiner Kontaktqualität letztlich immer

1 Das Folgende ist eine überarbeitete Version meines Beitrags *Sinnlosigkeit und Freiheit. Bemerkungen zu Nietzsches Konzept des Nihilismus und der ewigen Wiederkehr*, in: Jochen Lechner (ed.), *Analyse. Rekonstruktion. Kritik. Logisch-philosophische Abhandlungen* (Studia Philosophica et Historica, ed. Wolfram Hogrebe), Bd. 23, Frankfurt 1998, pp. 113–122.

noch nicht verstanden ist, dann tut man gut daran, so die Empfehlung von Hilary Putnam, sich mit Meinungen allein zu begnügen und bestenfalls einen *internen* Realismus zu vertreten. Dem entsprechen philosophische Forschungsprojekte, die an diesen Meinungen das symbolische Medium, in dem sie allein lebensfähig sind, akzentuieren und uns versichern, daß wir rechtens nicht von zeichenexternen Dingen reden können (Charles Sanders Peirce), so daß wir unsere kognitiven Aktivitäten rechtverstanden exklusiv und nur als Operationen mit Interpretationen (Günter Abel) oder Interpretationskonstrukten (Hans Lenk) verstehen dürfen. Auf diese Weise werden auch die traditionell geläufigen und prima vista so sachhaltigen Terme wie ‚Wirklichkeit', ‚Realität', ‚Welt', ‚Ding' etc. in Wahrheit selber nur Titel von Interpretationsschmata. Wenn das so ist, hat das natürlich auch Folgen für unsere moralischen Diskurse. Auch deren Leitvokabular mit den Titeln ;Freiheit', ‚Gerechtigkeit', Handlungsnorm', ‚Glück' etc. operiert mit Konstrukten, die nur über einen binnendiskursiven Sinn verfügen. Dem entspricht auch hier, daß die Strategien der Auszeichnung und Rechtfertigung von Handlungsmaximen eine obere Schranke haben derart, daß von einer Letztbegründung in Dingen der Moral nicht geredet werden kann. Zwar heißt das nicht, daß wir überhaupt keine Unterscheidungskriterien für gerechtfertigtes und nicht-gerechtfertigtes Handeln zur Verfügung hätten, sondern nur so viel, daß auch diese Kriterien ebenso wie die Wahrheitskriterien niemals über eine autorisierende Dignität hinauskommen können, so daß uns auch in diesem Bereich eine vielleicht erwünschte garantierende Kraft von Kriterien versagt ist. Daß dieser Befund auch im Bereich unserer ästhetischen Bewertungen anzutreffen ist, versteht sich schließlich beinahe von selbst.

Wir mögen es daher drehen und wenden wie wir wollen: Unsere begrifflichen Prozeduren, wenn wir sie nur genauer analysieren, erreichen wohl niemals eine Härte, die man ihnen ehedem wohl zugetraut hat. Auch unsere ausgefeiltesten begrifflichen Strategien behalten immer noch einige Grade an Elastizität, die selbst wenn sie lokal auf dem Amboß logischer Präzisierung tatsächlich in stählerne Härte umgeschmiedet worden ist, gleichwohl an anderen Stellen unseres Begriffsnetzes unvermeidlich wieder auftaucht. Dies ist vielleicht sogar ein allgemeines Phänomen. Wenn wir an einem wohlumgrenzten Ort begrifflich alles in Ordnung bringen, taucht die Unordnung an anderen Stellen wieder auf. Die Ordnung vor Ort können wir wohl immer nur auf Kosten von Unordnung anderen Orts erreichen.

Das gilt sogar für Mathematik und Logik. Selbst wenn wir jeden Teil der Mathematik in kristallener Härte als eine mathematische Struktur ansprechen können, gilt dies nicht mehr, so Paul Bernays, für das Ganze der Mathematik. Aber nicht nur das Ganze der Mathematik ist porös, auch ihre Basis. Es ist immer noch nicht ausgemacht, ob sie überhaupt über ein einheitliches Fundament verfügt, ob z.B. Zahlen ihre einzigen Gegenstände sind oder doch Mengen, topologische Gebilde wie Knoten bzw. Primknoten oder gar Kategorien (Horst Schubert)? Ob sich die Intuition des geometrischen Kontinuums ohne Informationsverlust repräsentieren läßt, ist nach Paul Bernays ebenfalls fraglich. Auch Frege sah sich ja bekanntlich zuletzt gezwungen, eine eigene geometrische Erkenntnisquelle zu postulieren. Auch der Reichtum der Logiksysteme mit unterschiedlicher Ausdrucksstärke zwingt uns von dem Gedanken Abstand zu nehmen, daß das, was wir unsere geistige Energie nennen können, durch eine uniforme logische Struktur definiert ist.

Schließlich ist sogar die Verläßlichkeit unseres Selbstverständnisses ebenfalls begrenzt. Denn der Sinn und die Bedeutung der Worte, mit denen wir uns mit anderen und mit uns selbst verständigen, ist nie definitiv sicher (Willard Van Orman Quine), denn auch für Bedeutungsgleichheit verfügen wir stets nur über autorisierende und niemals über garantierende Kriterien. So sind auch die solidesten Wortgebilde, die wir herstellen können, d.h. wissenschaftliche Theorien, zwar mit Mathematik und Logik durchsetzt, aber dennoch in ihrer Vergleichbarkeit limitiert sind (Thomas S. Kuhn, Paul Feyerabend). Aufs Ganze gesehen ist unser gesamtes Wissen von Skalen abhängig, mit Hilfe derer wie Informationen in den Wissenschaften methodisch, d.h. wiederholbar, gewinnen. Und diese Skalen haben ihre eigenen Probleme, die mit ihrer Eichung und auch mit Störungen des Milieus zusammenhängen, in dem sich das Objekt unserer Forschungen befindet und das durch unsere Registratur nicht unberührt bleibt. Störungsfreie Beobachtungen gibt es weder auf der Straße (Jean Paul Sartre) noch im Labor (Werner Heisenberg). Kein Areal unseres Erkennens ist als ein geschlossener Raum anzusprechen.

Wohin wir auch schauen: Die methodische Summe des 20. Jahrhunderts weist eine limitative Bilanz auf, von der sich das 19. Jahrhundert noch nichts hätte träumen lassen. Nur einer hatte hier schon verwandte Intuitionen, und das war Friedrich Nietzsche.

# Sinnlosigkeit und Freiheit

Nietzsches Theorie des Nihilismus hat zum Kern die These: Es gibt keine semantisch stabilen, d.h. ontologiefähigen begrifflichen Verhältnisse, und wo das dennoch behauptet wird, ist man einer Selbsttäuschung erlegen oder man fingiert solche Stabilitäten absichtlich, weil man sie schätzt oder gar machtvoll will. De facto ist semantisch aber alles flüssig.[1]

Und wo semantisch nichts stabil ist, *gilt* auch nichts stabil. Die Termini unserer begrifflichen Selbststrukturierung wie Ich, Du und Wir, gut und böse sind zwar kulturelle Voraussetzungen, ohne die unsere Diskurskultur nicht aufgebaut werden könnte, aber sie habe keinen darüber hinaus gehenden erkenntnistheoretischen oder ontologischen Sonderstatus. Hier gilt das nämliche, was Willard Van Orman Quine von physikalischen Objekten, Kräften, von mathematischen Objekten wie Klassen oder Klassen von Klassen etc. sagt: Es handelt sich immer um Setzungen, Wie auch die Götter Homers Setzungen im Sinne kultureller Voraussetzungen sind. Epistemologisch handelt es sich in jedem Fall um Mythen, auf derselben Ebene wie physikalische Objekte und Götter, weder besser noch schlechter, abgesehen von Unterschieden hinsichtlich des Grades, in dem sie für unseren organisatorischen Umgang mit Sinneserfahrungen förderlich sind.[2]

Man möchte geradezu sagen: Das 20. Jahrhundert hat die Botschaft Nietzsches verstanden, aber außer ein paar Exoten wie Paul

1 Cf. Werner Stegmaier, *Nietzsches ‚Genealogie der Moral‘*, Darmstadt 1994, Kap. 4, Absch. B: *Der Begriff des flüssigen Sinns* (pp. 70 sqq.).

2 Willard Van Orman Quine, *Zwei Dogmen des Empirismus*, in: ders., *Von einem logischen Standpunkt. Neun logisch-philosophische Essays*, Frankfurt/Berlin/Wien 1979, p. 27–50, hier p. 49.

Feyerabend und sonstige Post-Denker hat zumindest in der 2. Hälfte des 20. Jahrhunderts niemand pathetische oder existentielle Konsequenzen mit der limitativen Gesamtbilanz verknüpft. Das beruht offenbar auf der Einsicht, daß die Begrenztheit unserer begrifflichen Strategien nicht als eine Schwäche unserer Rationalität verstanden werden muß, sondern als ihre Stärke. Sie ist wesentlich eine *offene Rationalität* in dem Sinne, daß wir das Bessere vor Ort wohl auszeichnen können, das Beste für alle Orte aber nicht. Ein realistisches Konzept der Rationalität des *homo sapiens* muß seine Kreativität, Phantasie und Plastizität integrieren, und diese beruhen wesentlich auf unserer Fähigkeit, Alternativen auszuprobieren, um dann mit diesen unsere Erfahrungen zu machen. Diese Fähigkeit macht das aus, was wir in diesem Kontext als *kognitive Freiheit* bezeichnen können. Politische, soziale, moralische, physiologische Konzepte der Freiheit haben andere Hintergründe und Probleme.

Im erkenntnistheoretischen Sinn soll Freiheit hier also nur in der Möglichkeit bestehen, konzeptuelle Alternativen zu denken oder zu erproben. Wenn wir uns jetzt fragen, wie wir jedesmal motiviert werden, es anders zu versuchen, dann sollten wir von der Standardsituation ausgehen, daß uns auf dem bisherigen Wege etwas ungereimt vorkommt, daß die Dinge auf diesem Wege irgendwie keinen Sinn mehr machen. Formal gesehen sind dies Situationen, in denen im bisherigen Prozedere unserer begrifflichen Strategien plötzlich äußerst lästige Widersprüche auftauchen oder wir uns einfach langweilen.

Kurz: unser bisheriges Vorgehen erscheint uns mit dem Auftauchen von Widersprüchen oder dem Aufkommen von Langeweile als sinnlos und wir fühlen uns eben deshalb stimuliert, was anders zu versuchen.

Tatsächlich kann man die von Nietzsche so pathetisch erfahrene Sinnlosigkeit formal durch das Schema des logischen Widerspruchs ‚p und non-p' simulieren.[3]

Kontexte in denen solche Formeln auftauchen oder ableitbar sind, verlieren für uns jeglichen Wert, werden für uns sinnlos. Aber die Feststellung dieser Sinnlosigkeit oder der völlige Geltungszusammenbruch auf diesem Wege, motiviert uns sofort, es anders zu versuchen, stimuliert unsere kognitive Freiheit, Alternativen zu entwerfen und auszuprobieren.

So wird es erklärlich, daß die These des Nihilismus, daß nichts gilt, für uns jedesmal transitorisch und punktuell wahr wird, wenn wir uns stimuliert sehen, andere Wege zu gehen. Man kann auch sagen: Die These des Nihilismus ist für alle *Anfänge* begrifflich alternativer Strategien wahr, weil sie ineins für das *Ende* einer anderen, gescheiterten Strategie wahr ist.

Wenn das so ist, dann sind unsere vielfältigen begrifflichen Strategien von nihilistischen Knotenpunkten geradezu durchsetzt. Immer wieder sind wir angehalten, es anders zu versuchen. Und gerade darin, daß wir das können, darin daß die punktuelle Erfahrung der Sinnlosigkeit und des Geltungszusammenbruchs benötigen, um einen anderen Weg einzuschlagen, gerade darin be-

3 Ich bin mir bewußt, daß es Logiksysteme gibt, in denen Widersprüche nicht so harsch behandelt werden wie in der klassischen Logik. Cf. dazu etwa Graham Priest, *What is so bad about contradictions?*, in: *Journal of Philosophy* 95 (1998), pp. 410–426. Seit Priest et al. spricht man auch von parakonsistenten Logiken (auch von Dialetheismus), in denen das klassische ‚ex contradictione sequitur quodlibet' nicht universell gilt. Man könnte die These riskieren, daß der Dialetheismus eine moderne Variante des cusanischen Koinzidenzgedankens ist. Die Debatten greifen hier übrigens inzwischen sogar auf theologische Diskurse aus. Cf. hierzu den luziden Beitrag von Joachim Bromand, *Brauchen wir eine (parakonsistente) ‚Logik des Glaubens'?* (in: internet Philosophie ch, Swiss Portal for Philosophy, Blogbeitrag Philosophie aktuell vom 28. Dezember 2020). Cf. ferner die vorzüglich kommentierten Sammelbände: Joachim Bromand/Guido Kreis (eds.), *Gottesbeweise. Von Anselm bis Gödel*, Berlin 2011; ferner dies. (eds.), *Gotteswiderlegung*, ersch. vermutlich Berlin 2023.

ruht im erkenntnistheoretischen Sinn unsere kognitive Freiheit als Kreativität im Spielraum von Alternativen.

Wenn das so ist, dann verfliegt allerdings das Pathos, das sich mit Nietzsches Nihilismus-These bei ihm und anderen verband. Seine Theorie des Nihilismus entpuppt sich aus dieser Sicht *als eine sich selbst mißverstehende Theorie der Freiheit.*

Gleichwohl muß dieser Befund vorsichtig behandelt werden.

Erstens ist es nicht ausgemacht, ob der Weg zu diesem Befund überhaupt mit Nietzsches Intentionen im Einklang steht, und zweitens ist es fraglich, ob dieses Ergebnis, wenn gegebenenfalls korrekt, überhaupt auf den Bereich, in dem Nietzsche seine Theorie des Nihilismus vor allem plausibel zu machen versucht, den Bereich der Moral nämlich, übertragbar ist.

Angenommen, diese beiden Vorbehalte ließen sich entkräften, dann allerdings gilt: Was Nietzsche als desaströses Geschehen eines geschichtlich sich vollstreckenden Geltungszusammenbruchs aller Werte ausmalt, ist in Wahrheit schon zu Beginn und Anfang jeder Wertfindung der Fall. Mit anderen Worten: Der Nihilismus als die sich angeblich jetzt europäisch und überall vollstreckende Entwertung aller Werte ist faktisch schon der Anfang einer Wertfindung überhaupt: Die Instinkte mußten anfänglich domestiziert werden, um zu Verbindlichkeiten anderer Art überhaupt kommen zu können. Die Geburt des Normativen ist nur als Sieg über die Macht der Instinkte zu haben.

Wenn sich das allgemein zeigen läßt, dann würde es auch nichts mehr nutzen, auf Segmente einer Genealogie der Moral zu verweisen. Auf solche Segmente, nämlich die Herausbildung der jüdisch-christlichen Wertewelt mit ihrer Entfernung von einer instinktdurchsetzten Lebensfülle setzt Nietzsche ja in der Tat. In der jüdisch-christlichen Wertewelt, so Nietzsche, werden Instinkte stillgestellt. Das möchte Nietzsche rückgängig machen. Aber Nietzsches Strategie einer Überwindung des Nihilismus durch eine neue Freisetzung von Instinkten macht den eigentlichen Grundgedanken einer interessanten Theorie des Nihilismus als Theorie unserer kognitiven Freiheit, es anders zu versuchen, völlig unkenntlich durch sein Mitschleppen des Wertes der Lebenssteigerung. Das tut er selbst da, wo dieser Wert im Interesse des Lebens gleichgültig wird.

„Denn was ist Freiheit?" fragt sich Nietzsche, und er antwortet: „Daß man den Willen zur Selbstverantwortlichkeit hat." Und weiter: „Daß man die Distanz, die uns abtrennt, festhält. Daß man gegen Mühsal, Härte, Entbehrung, selbst gegen das Leben gleichgültiger wird."[1]

Diese Gleichgültigkeit gegen das Leben ist aber bei Nietzsche nur verständlich, wenn eine Lebens- und Machtsteigerung der eigenen Existenz Priorität hat, also oberster Wert bleibt. Denn, und damit läßt Nietzsche die Katze aus dem Sack: „Der freie Mensch ist *Krieger*."[2]

Nun mag man in Erinnerung an Hegel sagen wollen, daß sich in der Bereitschaft, im Zweifelsfall tatsächlich auch sein Leben zu riskieren, in der Tat der Gedanke der Freiheit exerzit dokumentiert.

Aber Nietzsche geht es nicht um diesen Beleg für die Macht des Geistes, im Zweifelsfall, d.h. im Fall drohender Unfreiheit sogar das eigene Leben zu riskieren, sondern es geht ihm schlichtweg um die Machtsteigerung der Starken auf Kosten der Schwachen. Dieser Begriff der Freiheit bleibt also an den Begriff und Wert eines lebens- und machsteigernden Lebens gebunden und verfehlt so die eigentliche begriffliche Tiefe der Idee der Freiheit, die vor alle Wertsetzungen reicht und reichen muß. Was sich hier als ein Grunddefekt des gesamten reifen Denkens Nietzsches bemerkbar macht, ist der Umstand, daß er die Wertebene mit der instinktiven Lebensebene einfach kurzschließt.

1 Friedrich Nietzsche, *Götzen-Dämmerung*, in: ders., *Werke in drei Bänden*, ed. Karl Schlechta, Bd. 2, Darmstadt 1969, pp. 939–1032, hier p. 1015.

2 Friedrich Nietzsche, *Götzen-Dämmerung*, op. cit., ibid.

Es mag ja sein, daß es auf der Wertebene zu Hülsenbildungen kommt, die keine Lebensfüllung mehr haben, aber der wichtigste Defekt in Nietzsches Denken ist der, daß er über ein bemerkenswertes Unverständnis von Institutionen verfügt, denn gerade sie sind es, die die Wertebene mit der Lebensebene regulierend verbinden. So nimmt es nicht Wunder, daß er seine Ausführungen zum Begriff der Freiheit mit einer Kritik der Institution der Institutionen verknüpft. Denn diese sind für ihn nur dann legitim, wenn sie Organe der Machsteigerung gesellschaftlichen Instinkten sind. Denn es sind Instinkte, „aus denen Institutionen wachsen."[3]

3 Friedrich Nietzsche, *Götzen-Dämmerung*, op. cit., p. 1016.

## Konjunkturen

Die Faszination, die Nietzsche nicht nur auf die jugendbewegten Denker der ersten Hälfte des 20. Jahrhunderts ausübte, sondern auch auf die Pathetiker der Dekonstruktion in der zweiten Hälfte, also auf Poststrukturalisten und Postmoderne, verdankt sich zweifellos seiner psychologischen Virtuosität. So hatte er vor allem auch eine große Anziehungskraft für Intellektuelle, die unter einer Anämie ihrer Begrifflichkeit litten. In den Rachen des Raubtiers zu schauen ist apart, wenn man in Sicherheit ist. Die Begeisterung für das Leben ist in der Regel da besonders groß, wo man ihm in seiner Härte nicht ausgesetzt ist, zum Beispiel am Schreibtisch. In gewisser Weise hat Nietzsches Rückruf auf das Leben, dem seit Mitte des 20. Jahrhunderts ein Rückruf auf die Gesellschaft folgte, in gewisser Weise ein psychologisches Recht. Die Einrichtungen unseres Zusammenlebens, die politischen, juristischen und sozialen Institutionen haben in der Tat die Tendenz, sich zu verselbständigen und sich aus ihrer Dienstleistungsfunktion für eine kooperative Regulierung unserer Lebensvollzüge heraus zu entwickeln. Dem gilt es natürlich immer aus Formen einer geeigneten Partizipation entgegenzuwirken, denn die Institutionen werden auch dann nicht entbehrlich, wenn sie ihrer Aufgabe nicht oder nur schlecht gerecht werden. Auch ein stumpfes Messer wird man nicht gleich wegwerfen, sondern erneut schärfen. Diese Arbeit an der Sinnerhaltung der Alltäglichkeit ist Nietzsche allerdings völlig fremd. Er setzt auf die großen Ausnahmesituationen, Ausnahmemenschen, Ausnahmestimmungen, Ausnahmeaugenblicke. Er ruft die Rache des Lebens an den Parias des Lebens, an den alltäglichen Herdentiermenschen herbei, kritisiert die jüdisch-christliche Moral, wie Max Weber sagt, als Theodizee der negativ Privilegierten, d.h. speziell für die jüdische Moral: als Vergeltungsreligiosität.[1] Diese moral-kritische Diagnose bleibt bei Nietzsche als Schema aber auch dann noch erhalten, wenn er seinerseits die Herdentiermoral durch eine Herrentiermoral ersetzen will. Denn nach seiner Konstruktion sind in der jüdisch-christlichen Moral, also der Moral-Erfindung der Lebensschwachen, gerade die Lebensstarken negativ privilegiert. Für diese konzipiert Nietzsche daher eine *Biodizee der im Christentum negativ Privilegierten*, d.h. der Starken. Das Schema der Wertebildung bleibt also auch bei Nietzsche im Prozeß der Umwertung aller Werte erhalten, und so hatte Heidegger in anderem Kontext vielleicht so Unrecht nicht, wenn er mit Bezug auf Nietzsche bemerkt, daß auch die Negation eines metaphysischen Satzes ein metaphysischer Satz bleibt. Aber ob Heideggers way out im Sichöffnen für den Zuspruch des Seyns hier die wahre Überwindung des Nihilismus darstellt, ist gewiß dann schon aus formalen Gründen mehr als zweifelhaft, wenn man, wie hier versucht, Nietzsches Theorie des Nihilismus als eine sich selbst mißverstehende Theorie der Freiheit zu rekonstruieren.

Daß Nietzsches Werk dennoch bleibe wird, liegt daran, daß er ein virtuoser Psychologe seiner Zeit war, der uns auch heute noch etwas zu sagen hat. Woran liegt das? Daran, daß, wie Paul Valéry einmal bemerkt, von einem Philosophen, dessen Philosophie widerlegt ist, nichts übrig bleibt, nichts, es sei denn ein Kunstwerk. Und genau das sind Nietzsches Schriften zweifellos.

Trotzdem ist immer wieder beeindruckend, daß Nietzsche vor allem dann Konjunktur hat, wenn die geschichtliche Situation seiner Theorie des Nihilismus entgegenzukommen scheint. Kon-

1 Max Weber, *Wirtschaft und Gesellschaft. Grundriß der verstehenden Soziologie*, ed. Johannes Winckelmann, 5. Aufl. Tübingen 1972, p. 301.

junktur hatte er nach dem 1. Weltkrieg, nach dem 2. Weltkrieg und dann wieder nach dem Erlöschen der Attraktivität des Marxismus in Frankreich (Gulag-Schock) und seit 1989 wieder nach dem Zusammenbruch der kommunistischen Systeme.

Man wird es daher kaum von der Hand weisen können, daß Nietzsche auch der Trost aller chiliastische Enttäuschten ist. Der sich regende religiöse Zweifel des Pubertierenden findet sich ebenso durch Nietzsches These von der universalen Sinnlosigkeit getröstet wie der enttäuschte Ideologe. So ist es nur folgerichtig, daß sich zunehmend enttäuschte Marxisten, soweit sie noch nicht kognitiv sklerotisch geworden sind, in Nietzsches nihilistische Arme werfen.

Aber man täusche sich nicht: Nietzsches Nihilismus kann auch die Funktion einer negativen Allmachtsphantasie übernehmen. Wer sich ihr hingibt, erhält dieselben Prämien, dieselben gegenwartsüberhebenden Prämien eines über den Wassern schwebenden Ich, die auch die positiven Allmachtsphantasien auswerfen. Die Devise scheint hier zu sein: Wenn schon mein bisheriges Ideal (die klassenlose Gesellschaft etc.) gescheitert ist, dann ist es tröstlich, wenn einem versichert wird, daß ohnehin alle Ideale sinnlos und illusionär sind.

Wer auf diese Weise, ob positiv oder negativ, stets nur aufs Ganze geht, der hat es mit der lebenspraktischen Mitte, in der er trotz allem immer steht, natürlich schwer und sollte seine überambitionierten Deutungen besser aphoristisch zügeln und sich mit Renditen zugespitzter Pointen begnügen. Diesen Weg ist Nietzsche ja auch gegangen.

In seinem Buch *Menschliches, Allzu menschliches*, Chemnitz 1878, skizziert er im *Zweiten Hauptstück* eine ‚Geschichte der moralischen Empfindungen', in deren Mittelpunkt die *Fabel von der intelligiblen Freiheit* steht.[2] Ihr Resultat ist, daß die Geschichte der moralischen Empfindungen „Geschichte eines Irrtums, des Irrtums von der Verantwortlichkeit ist."[3] Verantwortlichkeiten setzen ja voraus, daß man sich auf Verbindlichkeiten berufen kann, deren Wahrheit außer Frage steht. Dem steht indes mit Nietzsche entgegen, daß ein gehaltvoller Begriff des Lebens mit einer solchen Wahrheitsorientierung unverträglich ist: „Das ganze menschliche Leben ist tief in die Unwahrheit eingesenkt …"[4] Damit ergeben sich drei seltsame Konsequenzen, die Nietzsche lebensnotwendig nennt:

1. *Das Unlogische ist notwendig.* (…) Auch der vernünftigste Mensch bedarf von Zeit zu Zeit wieder der Natur, das heißt seiner *unlogischen Grundstellung zu allen Dingen.*"[5]

2. *Ungerechtsein notwendig.* – Alle Urteile über den Wert des Lebens sind unlogisch entwickelt und deshalb ungerecht. (…) Wir sind von vornherein unlogische und daher ungerechte Wesen *und können dies erkennen*: dies ist eine der größten und unauflösbarsten Disharmonien des Daseins."[6]

3. *Der Irrtum über das Leben zum Leben notwendig.* (…) Also darauf allein beruht der Wert des Lebens für den gewöhnlichen, alltäglichen Menschen, daß er sich wichtiger nimmt als die Welt. (…)." Leider umsonst. Ein Wert des Lebens tritt weder singulär noch kollektiv aufs Parkett. „Sich aber als Mensch-

2 Friedrich Nietzsche, *Werke in drei Bänden*, Erster Band, ed. Karl Schlechta, Darmstadt 1966, pp. 475 sqq..
3 Friedrich Nietzsche, *Menschliches*, op. cit., p. 480.
4 Friedrich Nietzsche, *Menschliches*, op. cit., p. 472.
5 Friedrich Nietzsche, *Menschliches*, op. cit., p.470.
6 Friedrich Nietzache, *Menschliches*, op. cit., p. 470/471.

heit (und nicht nur als Individuum) ebenso *vergeudet* zu fühlen, wie wir die einzelne Blüte von der Natur vergeudet sehen, ist ein Gefühl über alle Gefühle. – Wer ist aber desselben fähig? Gewiß nur ein Dichter: und Dichter wissen sich immer zu trösten."[7]

7 Friedrich Nietzsche, *Menschliches*, op. cit., p.471/472.

# Abbruch von Interpretationen

Mit schwergewichtigen Begriffen wie ‚Raum' und ‚Zeit' hatten insbesondere Philosophen von Anfang an die größten Probleme und sie haben sie bis heute.[1] Tatsächlich haben sie sich von Anfang an immer auch darum gekümmert, ob sie vom Wissen anderer, z.B. vom Wissen der Physiker profitieren können. Selbst Hegel hielt daran unzweideutig fest: „Nicht nur muß die Philosophie mit der Naturerfahrung übereinstimmend sein, sondern die *Entstehung* und *Bildung* der philosophischen Wissenschaft hat die empirische Physik zur Voraussetzung und Bedingung."[2]

Allerdings ist die Befolgung dieses Postulats ‚Erst Physik, dann Metaphysik!' nicht nur Hegel zu seiner Zeit schwergefallen, es würde ihm und anderen heutzutage gewiß noch schwerer fallen. Wer immer – und sei es nur als interessierter Laie – sich heute darum bemüht, auch nur eine ungefähre Ahnung davon zu erhaschen, was die gegenwärtige Physik unter ‚Raum' und ‚Zeit' oder gar der ‚Raumzeit' versteht, sieht sich zwar mit einer Fülle von Literatur konfrontiert, die z.T. durchaus auf eine größeres Publikum zugeschnitten ist, man denke nur an so bekannte Namen wie Stephen Hawking, Roger Penrose oder Ilya Prigogine. Aber insbesondere in der Darbietung der rezenten Ergebnisse der Quantenphysik wird der interessierte Laie mit bizarren Konsequenzen

1 Für das Folgende verwende ich Material aus meinem Beitrag *Sein und Zeit*, in: Akademie gemeinnütziger Wissenschaften zu Erfurt, *Convivium Academicum. Vorträge im Jubiläumsjahr 2004*, ed. Klaus Manger, Erfurt 2006, pp. 195–202.

2 Georg Wilhelm Friedrich Hegel, *Enzyklopädie der philosopohischen Wissenschaften im Grundrisse* (1830), § 246, in: ders., *Werke*, eds. *Eva Moldenhauer/Karls Markus Michel*, Bd. 9, Frankfurt 1970, p. 15.

für unser Verständnis der Zeit bekannt gemacht, die seine Phantasie vielleicht betören, aber seinen Verstand zweifellos verstören.

Das gilt erst recht, wenn man rezente Physiker liest die aufs Ganze gehen, so z.B. Ernst Schmutzer (1930–2022)[3], Physiker in Jena, mit dem ich mich während meiner Jenaer Zeit (1990–1995) austauschen konnte, da er dort von 1990–1993 Rektor war. Verstanden habe ich mich mit ihm vorzüglich, aber von seinem Entwurf einer fünfdimensionalen Physik so gut wie nichts. Wer weiß als Philosoph schon, was Spinoren sind?[4] So empfindet es der interessierte Laie auch nicht als Trost, wenn er am Ende einer durchaus ansprechend geschriebenen Übersicht über einige neue Ergebnisse der Quantenphysik vom Autor, der selber Physiker ist, gesagt bekommt, „daß *alle* Interpretationen dieser Art Mythen sind, Krücken, die uns zu einer Vorstellung der Geschehnisse auf der Quantenebene und zu überprüfbaren Voraussagen verhelfen sollen. Keine von ihnen kann sich zu *der* Wahrheit aufwerfen, vielmehr sind sie *alle* ‚wirklich', auch wenn sie sich einander widersprechen."[5] Beginnen wir also ein wenig bescheidener im Kleinen.

Die Frage ist zunächst, welche Begrifflichkeit für ‚Zeit' wir wählen sollten. Heidegger unterscheidet in *Sein und Zeit* drei Zeitverständnisse. Einmal das *aristotelische*, demzufolge die Zeit als meßbare ‚Jetzt-Abfolge' verstanden wird. Dann das *bergsonische*, demzufolge die Zeit noch vor jeder gemessenen Zeit als Dau-

3 Ernst Schmutzer, *Fünfdimensionale Physik. Projektiv einheitliche Feldtheorie mit Einbeziehung der Quantentheorie (Mechanik, Astrophysik, Kosmologie ohne Urknall, Spinoren)*, Thüringer Wissenschaftsverlag, Langewiesen 2009.

4 Der Sache nach wurden ‚Spinoren' im Kontext von Lie-Gruppen 1913 von dem französischen Mathematiker Élie Joseph Cartan (1869–1951) entdeckt, die Bezeichnung ‚Spinor' geht auf den österreichischen Physiker Paul Ehrenfest (1880–1933) zurück (1929), der mit Einstein befreundet war.

5 John Gribbin, *Schrödingers Kätzchen und die Suche nach der Wirklichkeit*, Frankfurt 1996, p. 343.

er ‚erlebt' wird. Diese beiden Zeitverständnisse sind für Heidegger die volkstümlich üblichen, er nennt sie daher geradehin ‚vulgär'. Davon hebt er ein drittes Zeitverständnis ab, das Ergebnis seiner eigenen Analysen ist, wenngleich von Husserl stimuliert. Ich will dieses dritte Zeitverständnis ‚intentionale Zeitlichkeit' nennen. Das klingt natürlich mysteriös und es ist meine Aufgabe, dieses Zeitverständnis nachvollziehbar zu machen.

Heideggers zentrale Einsicht in *Sein und Zeit* ist die: Menschen interpretieren die Welt nicht so, wie sie Texte interpretieren. Denn das können sie auch unterlassen. Sie interpretieren sie vielmehr schon durch die unvermeidliche Form ihres Existierens.

Was in der Tradition Auslegungslehre von Texten, d.h. Hermeneutik, war, wird daher bei ihm zur Auslegungslehre unseres Existierens, d.h. eben Existenzialhermeneutik. Das klingt aber immer noch dunkel.

Nehmen wir ein Beispiel zur Hilfe. Unsere gewöhnlichen Interpretationen sind ‚explikativ'. Wir sind mit einem schwer verständlichen Text konfrontiert und suchen ihn im Rückgriff auf verschiedene Anhaltspunkte verständlich zu machen. Ebenso verstehen wir uns häufig untereinander im Gespräch nicht. Dann versuchen wir uns wechselseitig explikativ behilflich zu sein, etwa durch Hinweise wie: ‚So habe ich das nicht gemeint, sondern so.'

Solche Formen eines ‚explikativen' Verstehens und Zu-verstehen-Gebens sind außerordentlich vielfältig und in der Literatur zur Hermeneutik sehr differenziert analysiert worden.[6]

Insgesamt sind diese Formen eines ‚explikativen' Verstehens oder Interpretierens aber abzuheben von Formen, die man ‚performatives' Verstehen oder Interpretieren nennt. Wenn ein Schau-

6 Cf. etwa Axel Bühler, *Die Vielfalt des Interpretierens*, in: *Analyse & Kritik* 21 (1999) pp. 117–137.

spieler seine Rolle als Hamlet interpretiert, dann tut er das nicht explikativ, sondern performativ, d.h. durch die Art, wie er diese Rolle auf der Bühne spielt. Das Nämliche gilt für den Interpreten eines Musikstücks.[7] Ein Pianist interpretiert die Klaviersonate op. 111 von Beethoven durch die Art, wie er das Stück musikalisch realisiert.

Nun sind diese Formen des Interpretierens jeweils an die Realisierung eines Könnens, hier an die Schauspielkunst und die Kunst des Klavierspiels, gebunden. Eine solche Realisierung können wir im gegebenen Fall abbrechen, oder wir können uns auch vertreten lassen. Ein anderer übernimmt dann unseren ‚Part'.

Die Frage ist nun: Gibt es Formen performativen Verstehens oder Interpretierens, für die gerade das nicht gilt, Formen des Interpretierens also, die wir nicht ohne weiteres abbrechen können, in deren Realisierung wir uns auch nicht vertreten lassen können, und die zudem nicht relativ auf ein spezielles Können sind?

Die gesuchten Formen performativen Verstehens und Interpretierens, die nicht okkasionell, nicht kontingent oder relativ sind, gibt es, so Heidegger, in der Tat. Es sind gerade solche Formen, die unausweichlich in der Art unseres Existierens, im Sein unseres bewußten Seins gleichsam ‚mitgegeben' sind. Wir können z.B. nicht umhin und können uns darin auch nicht vertreten lassen, unsere lokale Umgebung darauf hin auszulegen oder zu interpretieren, ob sie Chancen für die Realisierung unserer Pläne bietet.

Diese Interpretationsausrichtung ‚evaluiert' die jeweilige Szene unseres Existierens immer schon als Möglichkeitsspielraum unserer ‚besorgten' Pläne und Vorhaben. Hier handelt es sich um ein

7 Cf. Jerrold Levinson, *Performative versus Critical Interpretations in Music*, in: Michael Krausz (ed.), *The Interpretation of Music*, Oxforf 1993, pp. 33–60.

Verstehen oder ein Interpretieren, aus dem wir szenisch gar nicht herauskönnen. Auch können wir uns in diesen Abschätzungen nicht vertreten lassen. Dem wem sollten wir das ‚Skript' unserer geheimen Pläne und Absichten anvertrauen, das in der Regel nicht einmal uns selbst transparent ist. Wer weiß schon, was er wirklich will? Im opaken ‚Part' unseres Existierens können wir uns – leider – nicht durch irgendjemanden vertreten lassen. Dorian Gray, der sein Altern seinem Bild überließ, bleibt für uns eine schöne Fiktion Oscar Wildes.

Hier handelt es sich daher um quasi ‚kategoriale' Formen des performativen Verstehens und Interpretierens, die ‚aufgehellte' Formen unseres Existierens selbst sind. Heidegger nennt sie deshalb ‚Existenzialien'. Gerade sie sind durch Unvermeidlichkeit charakterisiert. Wir sind beispielsweise außerstande, die wechselnden Szenen unseres Existierens nicht als Teil eines Ganzen, nicht als ‚weltzugehörig' zu verstehen. Der Ausdruck ‚Welt' bezeichnet hier nicht irgendein ‚Ding', ist also kein Begriff aus dem Vokabular der Physik oder Astronomie, sondern ist hier im Sinne eines Ganzen, auf das wir in unseren okkasionellen Szenen hin orientiert bleiben. Diese Basis-Orientierung ist gerade das Zusammenhaltende, das Kontinuativ, das Koinzidente unseres bunten und durchaus gegensätzlichen szenischen Verstehens und Interpretierens. Dieses Koinzidente ist daher in das Vollzugsprofil unseres Existierens schon ‚eingebaut', und damit Kategorie unseres Existierens, und im Sinne Heideggers ein Existenzial. Allein schon per Existenz, d.h. im Sein unseres bewußtseinsbegabten Seins, verstehen wir uns schon als in der ‚Welt' seiend.

Aber nicht nur das. In allen Phasen unserer Existenz sind wir ebenso unvermeidlich schon bei irgendwelchen Vorhaben, Plänen, Gedanken, d.h. wir sind grundsätzlich ‚futurisch' ausgerichtet. Man kann das auch so ausdrücken: Wir sind uns immer schon

‚vorweg', d.h. wir haben einen stehenden Kontakt mit unserem szenischen Möglichkeitsspielraum. Wir sind also von Hause aus, d.h. indem wir bloß existieren, im Sinne Robert Musils ‚Möglichkeitsmenschen'. Wenn wir auch nur ‚bei einer Sache' sind, bei einem Gedanken, bei einem Thema, dann sind wir wie ‚entrückt'. Heidegger faßt dies in die Formel: Wir sind uns ‚vorweg' immer schon ‚bei einer Sache'. Und hier hat er tatsächlich eine merkwürdige Form der Zeit entdeckt. Sie ist in dieser Form gewissermaßen strukturbildend in unser Bewußtsein eingebaut und sorgt dafür, daß wir uns vorweg sein können, indem wir auf etwas aus sind (Zukünftigkeit). Sie sorgt zugleich dafür, daß dies immer schon so ist (Vergangenheit), und sorgt dafür, daß wir nur in diesen Dimensionen das szenisch Gegebene gegenwärtigen können (Gegenwart). Nur in dieser ‚temporalen' Verfassung können wir überhaupt etwas intendieren. Deshalb spreche ich hier von einem ‚intentionalen' Zeitverständnis.

Weil diese Zeitformen uns aus der szenischen Gebundenheit herausheben oder ‚entrücken' in dem Sinne, daß wir denkend über jede gegebene Situation oder Szene, über jede Grenze hinweg sind, nennt Heidegger diese Formen der Zeitlichkeit auch ‚Ekstasen'.[8] In seiner so verstandenen zeitlichen Verfassung ist der Mensch ‚ekstatisch'. Wir existieren also nicht einfach wie Steine oder sonstige Gegenstände, sondern in einer übersituativen Weise in der temporalen Dimension des Uns-vorweg-immer-schon-sein bei etwas. Der vor uns liegende Möglichkeitsspielraum des Zukünftigen erfährt in diesem Ansatz eine führende Rolle. Dieser Spielraum ist meist unübersichtlich und komplex, aber in ihm steht unser Leben auf dem Spiel. Das verbindet merkwürdigerweise wieder mit der Quantenphysik. John Gribbin hat das

8 Cf. Martin Heidegger, *Sein und Zeit*, 10. Aufl. Tübingen 1963, § 65, p. 329.

einmal so ausgedrückt: „Die Komplexität (...) liegt in der Zukunft, während die Einfachheit in der Vergangenheit liegt."[9]

Unabhängig von dieser aparten Parallele ist dieses von mir ‚intentional' genannte Zeitverständnis, so jedenfalls Heidegger, der gesamten Tradition entgangen.

Allerdings muß man hier einschränkend hinzufügen, daß dies in gewisser Weise nicht korrekt ist. Husserls Analysen des intendierenden Bewußtseins hatten ja bereits das Ergebnis ausgeworfen, daß jedes Intendieren, d.h. jedes Bezugnehmen auf ein Thema, sei es nun einen Sinnending, eine Zahl oder eine fiktive Größe, von einer Protention und einer Retention gewissermaßen ‚ummantelt' ist.[10] Hiernach können wir auf Gegenstände beliebiger Art gar nicht Bezug nehmen, wenn wir dies nicht *protentiv* in einem Möglichkeitsspielraum tun, der ebenso *retentiv* im Erinnerungsspielraum verbleibt. Was da vor uns ist, spreche ich vielleicht zunächst als ‚Stuhl' an. Und er ist erst dann, wenn ich mich korrekt erinnere und den Gegenstand entsprechend benutze, tatsächlich ein Stuhl.

Was Heidegger von Husserl trennt, ist dann der Umstand, daß diese Verhältnisse von Heidegger als Formen unseres Existierens gefaßt werden und eben nicht, wie bei Husserl, als bloße Möglichkeitsbedingung unseres Erkennens. Hierin unterscheidet sich der Existenzialontologie Heidegger von dem phänomenologischen Transzendentalphilosophen Husserl.

Gleichwohl sind beide darin einig: Unser Existieren ist zugleich ein Interpretieren. Das heißt natürlich nicht, daß wir die

9 John Gribbin, *Schrödingers Kätzchen*, op. cit., p. 255.

10 Cf. hierzu Ernst Wolfgang Orth, *Intentionalität als Grundtheorem in Phänomenologie und Neukantianismus*, in: Claus Dierksmeier (ed.), *Die Ausnahme denken. Festschrift für Klaus-Michael Kodalle*, Bd. 2, Würzburg 2003, pp. 129–138.

Dinge interpretativ ‚kreieren'. Wir legen sie nur in einer für uns unvermeidlichen Weise aus. Aber auch das wiederum nicht so, als ob wir an die Welt gewissermaßen ‚herantreten', um sie dann zu interpretieren, sondern so, daß wir als ‚Dasein' in unserem Weltentwurf existieren, denn wir okkasionell spezifizieren. So kann Heidegger zugespitzt sagen: „Wenn kein *Dasein* existiert, ist auch keine Welt ‚da'."[11]

Wenn die Dinge so liegen, dann muß jedes Verständnis von Sein aus der Struktur von etwas, das überhaupt in der Lage ist, Sein zu verstehen, expliziert werden. Kurz: Jedes Verständnis von Sein muß aus der Struktur des Daseins heraus erläutert werden. Und dessen Struktur ist, wie schon ausgeführt, basal seine temporale Verfassung. Und so schließt der publizierte Teil von *Sein und Zeit* mit der Frage: „Offenbart sich die *Zeit* selbst als Horizont des *Seins*?"[12]

Fassen wir kurz zusammen. Heideggers Zeitbegriff hat nichts zu tun mit dem physikalischen, meßtechnisch strukturierten Zeitbegriff, auch nicht mit dem psychologischen der erlebten Zeit. Seine Ambition geht darauf aus, ein Zeitverständnis freizulegen, das alle sonstigen Zeitverständnisse erst fundiert. In diesem Sinne spricht er auch von einer ‚ursprünglichen Zeit'. Sie ist die Form, in der wir planend und erinnernd gegenwärtigen können. Sie ist also die Form, in der wir außer uns sind, um epistemisch überhaupt kompetent sein zu können.

Es ist hinreichend bekannt, daß Heidegger das Thema Sein und Zeit auch weiterhin beschäftigt hat. 1962 hielt er in Freiburg einen Vortrag mit dem Titel *Zeit und Sein*.[13] Hier gab er Einblicke in sei-

11 *Sein und Zeit*, op. cit., p. 365.
12 *Sein und Zeit*, op. cit., p. 437.
13 Cf. Martin Heidegger, *Zur Sache des Denkens*, Tübingen 1969, pp. 125.

nen schon in den dreißiger Jahren (1936–1938) des vorigen Jahrhunderts unternommenen Versuch, über die Fragestellung von *Sein und Zeit* noch hinauszukommen.[14] Der Vortrag erkundet die Möglichkeit, aus den Wendungen ‚Es gibt Zeit' und ‚Es gibt Sein' ein unvordenkliches ‚Es' als ‚Ereignis' zu erschließen, dem sich jenes anonyme Geben des ‚Es gibt …' verdankt.[15]

Der Struktur dieser Anonymität ist es zu verdanken, daß wir als basale Interpreten unseres Existierens genau dieses basale Interpretieren nicht einfach abbrechen oder unterbrechen können. Das ‚Es' ist ein Einspruch gegen dieses Aussetzen, aber wir wissen nicht, woher dieser Einspruch kommt.

Nicht nur hier wird es bei Heidegger schwer verständlich. Sein ‚Es' ist letztlich das ‚Ereignis', aber genau dieses erhält bei ihm einen prekären Seinsstatus. Denn: „Das Ereignis *ist* weder, noch *gibt* es das Ereignis."[16] Seinen autogenetischen Status kann man offenbar nur noch tautologisch formulieren, und Heidegger tut das auch ohne Skrupel und ungeniert, wenn er z.B. sagt: „Das Ereignis ereignet."[17] Graphisch macht er die prekäre Sonderstellung des Ereignisses auch dadurch deutlich, daß er hier notorisch vom ‚Seyn' spricht.

Viele Leser Heideggers machen sich über solche Wendungen lustig. Aber sie sind doch nicht ohne Plausibilität. Das wird auch deutlich in einer Art Resümee, das Heidegger am Ende seines Vortrags *Zeit und Sein* anbietet: „Es galt, Sein im Durchblick durch

14 Cf. hierzu Martin Heidegger, *Beiträge zur Philosophie (Vom Ereignis)*, Gesamtausgabe Bd. 65, ed. Friedrich Wilhelm von Herrmann, Frankfurt 1989.

15 Die exzessive Verwendung und Befragung von impersonalen Ausdruckweisen beim späten Heidegger hat ein sehr frühes Vorspiel schon in seiner Dissertation. Cf. Martin Heidegger, *Die Lehre vom Urteil im Psychologismus*, Leipzig 1914, hier § 6 *Das impersonale Urteil*, pp. 107 sqq.

16 Martin Heidegger, *Zeit und Sein*, op. cit., p. 24.

17 Martin Heidegger, ibid.

die eigentliche Zeit in sein Eigenes zu denken – aus dem Ereignis – ohne Rücksicht auf die Beziehung des Seins zum Seienden."[18] Das Eigene des Seins ist hiernach eine Art Autogenese, die jedes Seinsverstehen noch im Rücken hat. Das ‚Es' des ‚Es gibt …' ist das Er-eignis, aus dem her die ‚ursprüngliche Zeit', die Heidegger als ‚vierdimensional' versteht, entbunden bzw. gegeben ist. Vierdimensional ist die ‚ursprüngliche Zeit' deshalb, weil die Einheit des Zukünftigen, Vergangenen und Gegenwärtigen selbst noch ein vierter Zeitmodus sein muß, ohne den die Zeit in sich zerrisse. Aber auch dieses Kontinuativ der Zeitdimensionen ‚ergibt' sich aus dem ‚Es' des ‚Es gibt …', aus dem ‚Ereignis' als der unvordenklichen Initiative und dem unvordenklichen Kontinuativ von allem. So denkt Heidegger die große Koinzidenz. Nicht der Künstler, sondern das Werk ist der Schöpfer, jenes ‚Es', das der Künstler nur freilegen kann.

Ich will diesen Rekonstruktionsversuch hier abbrechen. Es verdient allerdings noch der Erwähnung, daß in diesen Wendungen des späten Heidegger ein Echo von Überlegungen zu vernehmen ist, die auf seine Begegnungen mit Paul Natorp 1922–1924 in seiner Marburger Zeit zurückgehen.[19]

Paul Natorp, der am 17. August 1924 gestorben war, hatte in seinen letzten Jahren eine Vorlesung ausgearbeitet, die er 1922/23 auch noch gehalten hat.

In diesem Text, der erst 1958 von seinem Sohn Hans Natorp mit einem Vorwort von Hans-Georg Gadamer herausgegeben

18 *Zeit und Sein*, op. cit., p. 25.

19 Der erste, der auf diesen Tatbestand hingewiesen hat, war Christoph von Wolzogen. Cf. ders., *Die autonome Relation. Zum Problem der Beziehung im Spätwerk Paul Natorps*, Amsterdam 1984; ferner ders., *Schöpferische Vernunft. Paul Natorp und das Ende des Neukantianismus*, in: *Frankfurter Allgemeine Zeitung* vom 17.3. 1984.

wurde, tritt uns eine Denktendenz entgegen, die der des späten Heidegger sehr verwandt ist.

So fragt sich Natorp: „Es gibt (oder gäbe) das: Welches ‚Es' denn?"[20] In der Tat denkt Natorp hier wie der späte Heidegger der ultimativen ‚Figuration'[21] von Sinn und Sein nach, die sich ihm, wie ja auch Heidegger, immer wieder entzieht. Selbst wenn man, argumentiert Natorp, im mathematischen Raum ursprünglich einen ‚erschöpfbaren Bereich' angenommen hatte, „entdeckte sich stets, daß man sich in ein endloses Geschäft eingelassen hatte und jede Hoffnung auf [eine] erschöpfende Lösung (...) fahren lassen mußte."[22]

Greift man wie hier in der Mathematik und auch im Denken ins Nichts? Natorp antwortet wie später Heidegger in tautologischen Wendungen: „Nein, denn es gibt das Faktum, es gibt das: ‚es gibt'. Es gibt die Einzigkeit des letzten ‚es ist, das es ist'. Diese Einzigkeit, die sich nicht aufweisen, nicht durch irgendwelche noch so weit getriebene Entwicklung festlegen, abschließend begründen und ergründen läßt, sie ist es, welche den letzten überhaupt zugänglichen und erschließbaren Sinn des Seins ausmacht."[23]

Keine Frage, daß Paul Natorp und Martin Heidegger in solchen maximal ausgreifenden Rückgängen an ein wissentlich kaum noch Greifbares geraten. Aber genau das kann man von Philosophen verlangen. Wer soll das sonst tun? Sie müssen es tun als Stellvertreter für uns alle. In dieser riskanten Praxis des Denkens bis an die Grenzen des Wissens brauchen wir sie, nicht als besserwisserische Dilettanten der Wissenschaften.

Man kann daraus die salopp formulierte Maxime herleiten: Wer

20 Paul Natorp, *Philosophische Systematik*, Hamburg 2000, p. 77.
21 Paul Natorp, *Philosophische Systematik*, op. cit., p.150.
22 Paul Natorp, *Philosophische Systematik*, op. cit., p. 226.
23 Paul Natorp, *Philosophische Systematik*, op. cit., p. 226/27.

als Physiker oder als Metaphysiker das Risiko nicht eingeht, gelegentlich im Spekulativen zu landen, ist das Geld nicht wert, das ihm die Gesellschaft an einer Universität zugesteht. Man braucht Persönlichkeiten, die wirklich etwas wagen, auch Irrtümer in Kauf nehmen, um die Chance offen zu halten, dann auch – selten genug – wirklich Neues zu finden. Das gerade ist der Sinn der Wissenschaft, der heute verloren zu gehen droht.

## Andeutungsweise

Berühmt wird ein Autor und Denker, wenn es ihm gelungen ist, mittels einer Disjunktion einen Kontrast vorzustellen, der einen neuen Blick auf Weltverhältnisse zu werfen gestattet. Zu solchen Disjunktionen gehören in der Philosophie bekanntlich solche wie Idee und Sinnlichkeit, Form und Materie, res cogitans und res extensa, Vernunft und Verstand, Wille und Vorstellung, apollinisch und dionysisch, Gemeinschaft und Gesellschaft und viele andere mehr. Aber solche basalen Distinktionen genügen nicht. Es muß dem Autor und Denker auch gelingen, Formen ihrer Konjunktionen plausibel zu machen, denn erst dann werden szenische Kontrastgewinne möglich. Das gilt auch für distinkte Darstellungsformen. Zunächst muß erst einmal ihre Eigenart spezifiziert werden, um dann eventuelle Formen ihrer Konjunktionen thematisieren zu können. Genau so ist auch Gotthold Ephraim Lessing verfahren.

In seinem *Laokoon* von 1766[1] analysiert er entsprechend die Eigenart der unterschiedlichen Darstellungsformen von Malerei, Plastik und Poesie, um dann aber auch Hinweise auf eine Konjunktion dieser distinkten Darstellungsunternehmen anzubieten,

1 Lessings Auseinandersetzung mit Winckelmann werde ich hier nicht kommentieren. Dieser Komplex ist so häufig traktiert worden, daß sich weitere Ausführungen einstweilen erübrigen. Cf. zu Johann Joachims Winckelmanns berühmte Formel ‚edle Einfalt und stille Größe' nur zur Erinnerung ders., *Gedanken über die Nachahmung der Griechischen Werke in der Malerey und Bildhauerkunst*, Dresden/Leipzig 1756. Hier p. 21: „Das allgemeine vorzügliche Kennzeichen der griechischen Meisterstücke ist endlich eine edle Einfalt, und eine stille Größe, sowohl in der Stellung als im Ausdrucke. So wie die Tiefe des Meeres allezeit ruhig bleibt, die Oberfläche mag noch so wüten, eben so zeiget der Ausdruck in den Figuren der Griechen bey allen Leidenschaften eine grosse und gesetzte Seele. /p. 22/ Diese Seele schildert sich in dem Gesichte des Laocoons, und nicht in dem Gesicht allein, bei dem heftigsten Leiden." Zitiert nach dem Digitalisat der Univ. Heidelberg (https://doi.org./10.11588/diglit. 5803).

die in der Tat überraschend ist. Da Friedrich Vollhardt vor einiger Zeit eine mustergültige Ausgabe des Textes herausgegeben hat,[2] lege ich meine von Karl Lachmann edierte Ausgabe[3] beiseite, zumal Vollhardt in seiner Ausgabe noch ein sachkundiges Nachwort beigesteuert hat.[4]

In Kapitel XVI, das Vollhardt das *Zentrum des Werkes* nennt, liefert Lessing zunächst eine analytische Bilanz der Distinktion zwischen Malerei und Poesie. Erstere gestaltet im Raum, die Poesie in der Zeit; erstere hat zum Gegenstand Körper, letztere Handlungen; erstere bringt daher Simultanes zur Darstellung, die Poesie Sukzessives, indem sie Töne in der Zeit artikuliert.

Dennoch gibt es auch Perspektiven der Gemeinsamkeit. So existieren ja alle Körper nicht nur im Raum, sondern auch in der Zeit. „Sie dauern fort, und können in jedem Augenblick anders erscheinen.“[5] So kann die Malerei gewissermaßen auch dichten, wenn sie einen *prägnanten* Aspekt in ihren „coexistierenden *Compositionen*“ zur Darstellung bringt, der geeignet ist, „gleichsam das Centrum einer Handlung“ zu visualisieren.[6] So kann auch die Poesie gleichsam malen, wenn sie eine gewisse Plastizität in ihren Narrativen erreicht. „Ich finde, Homer mahlet [sic] nichts als fortschreitende Handlungen, und alle Körper, alle einzelne [sic] Dinge mahlet er nur durch ihren Antheil an diesen Handlungen, gemeiniglich nur mit Einem Zuge.“[7]

2 Friedrich Vollhardt (ed.), *Gotthold Ephraim Lessing. Laokoon oder Über die Grenzen der Malerei und Poesie* (Studienausgabe), Stuttgart 2012. Cf. ders., *Gotthold Ephraim Lessing. Epoche und Werk*, Göttingen 2018, pp. 198 sqq. Vorzügliche Gesprächspartner von Vollhardt sind hier Wilfried Barner und Hugh Nisbet.

3 Karl Lachmann, *Gotthold Ephraim Lessings Sämmtliche Schriften*, Bd. 6, Berlin 1839.

4 Cf. Lessing, *Laokoon*, op. cit., Nachwort pp. 437–467.

5 Lessing, *Laokoon*, op. cit., p. 115.

6 Lessing, *Laokoon*, op. cit., p. 115/16.

7 Lessing, *Laokoon*, op. cit., p. 116.

Konjunktionen zwischen den ansonsten distinkten Darstellungsweisen ergeben sich also aus der Art, wie sie komponiert sind. Die Zugänge zu Formen solcher Konjunktionen nennt Lessing ‚Andeuten'. „Folglich kann die Mahlerey auch Handlungen nachahmen, aber nur andeutungsweise durch Körper." Und so „schildert die Poesie auch Körper, aber nur andeutungsweise durch Handlungen."[8]

Durch ‚Andeuten' bringt Lessing einen wirkungs- und rezeptionsästhetischen Aspekt ins Spiel, der auf aparte Weise die Rolle der Rezipienten als Interpreten sichtbar macht. Auf diese Wende zur Wirkungsästhetik bei Lessing hat Vollhardt in seinem Nachwort auch hingewiesen. Hier ist Lessing auf neue Weise modern, indem er die ästhetische ‚Fruchtbarkeit' von Kunstwerken gleich welcher Art zum Kriterium macht: „Dasjenige aber nur allein ist fruchtbar, was der Einbildungskraft freyes Spiel läßt. Je mehr wir sehen, desto mehr müssen wir hinzu denken können. Je mehr wir darzu [sic] denken, desto mehr müssen wir zu sehen glauben."[9]

Kunstwerke werden so zu Konfigurationen im Imaginären. Vollhardt spricht von einer ‚imaginativen Tätigkeit',[10] an der sowohl der Künstler wie das Publikum partizipieren.

Andreas Kablitz akzentuiert hier den Aspekt einer neuen, nacharistotelischen, also postmimetischen ‚Poetik der Repräsentation'.

8 Lessing, *Laokoon*, op. cit., p. 115.

9 Lessing, *Laokoon*, op. cit., Kap. III, p. 26. Vielleicht paßt dieses Bekenntnis Lessings zum freien Spiel der Einbildungskraft auch zu einem biographischen Hinweis, den Friedrich Vollhardt gibt: „Nicht verschwiegen werden dürfen seine Leidenschaft für das Glücksspiel, der Hang zur Depression und eine Angst vor festen Bindungen." (*Gotthold Ephraim Lessing*, op. cit., p. 15).

10 Lessing, *Laokoon*, op. cit., Nachwort, p. 455.

Auf Kablitz verweist auch Friedrich Vollhardt ausdrücklich in seinem Nachwort.[11]

Lessing ist also nicht daran gelegen, begriffliche Synthesen anzubieten, die monopolisieren,[12] sondern per ‚Andeutung' heuristische Blicke auf Verwandtschaften freizugeben, die zur Toleranz gegenüber dem Eigensinn der Konjugate des Verwandten einladen. Das ist Lessings Version einer elastischen Aufklärung ohne Aufdringlichkeit. Dasselbe Verfahren findet sich bei Lessing auch in seiner Thematisierung der unterschiedlichen Religionen in der *Ringparabel* des *Nathan* und wird so zur Grundlage einer exemplarisch fundierten Humanität, wie sie ein dauerndes Erbe der Aufklärung sein muß.[13]

‚Andeuten' ist selten theoretisch behandelt worden. Eine Ausnahme ist Gottlob Frege. Für ihn sind weder Sinn noch Bedeutung, noch auch ‚Sinnfärbung', wie er sie nennt, ausreichend, um erforderliche Bedeutungsweisen zu erschöpfen. So führt er für die Bedeutungsart der Variablen ‚x' den Ausdruck ‚unbestimmt andeuten' ein.[14] Eine sprachpragmatische Neuaufnahme dieser Wendung findet sich dann bei Paul Grice unter dem Titel ‚conventional implicatures'.[15]

Mit diesen Varianten einer Semantik des Andeutens hätte Lessing allerdings nicht sehr viel anfangen können. Ihm ging es um etwas anderes. Er will eine subkutane Gemeinsamkeit der Künste

11 Lessing, *Laokoon*, op. cit., Nachwort, p. 448. Andreas Kablitz, *Mimesis versus Repräsentation. Die Aristotelische Poetik in ihrer neuzeitlichen Rezeption*, in: Otfried Höffe (ed.), *Aristoteles Poetik*, Berlin 2009, pp. 215–232, hier p. 224.

12 Lessing zielt also nicht auf so etwas wie ein ‚Gesamtkunstwerk'.

13 Cf. Wolfram Hogrebe, *Das Zwischenreich*, Frankfurt 2020, pp.80 sqq.

14 Cf. Gottlob Frege, *Grundgesetze der Arithmetik*, repr. Hildesheim 1966, p. 11 et passim.

15 Cf. dazu Christopher Potts, *The logic of conventional implicatures*, Oxford 2005.

entschlüsseln. Sie sind offenbar insgesamt auf je ihre Weise in der Lage, das Publikum seinerseits in eine Gemeinsamkeit einrücken zu lassen, die zwar Schein ist, aber nicht ohne Profit: Die Künste lassen uns begriffslos und gerade deshalb lustvoll den *sensus communis aestheticus*[16] spüren, der in der bloß partikularen Welt der puren Faktizitäten nicht angesprochen wird und bisweilen zu verkümmern droht.

Vollhardt berührt diese Verhältnisse hier mit Blick auf Lessing und Moses Mendelssohn mit seiner Bemerkung: „Poesie und Malerei stimmen allerdings darin überein, daß sie beim Rezipienten sinnliche Vorstellungen zu erzeugen versuchen, mehr noch darin, daß sie Augenblicke einer vollständigen ästhetischen Illusion herstellen können."[17] Solche Illusionen, Anschaulichkeiten bzw. Evidenzen (ἐνάργεια),[18] sofern sie uns gefallen, sind schon für Lessing Erzeugnisse der *Einbildungskraft* und deshalb scheinhaft, aber dennoch nicht nichts. Denn „was wir in einem Kunstwerk schön finden, das findet nicht unser Auge, sondern unsere Einbildungskraft durch das Auge, schön."[19]

Lessings Konzeption einer Verwandtschaft aller Künste durch ihre andeutenden Potentiale gibt schon einen Fingerzeig auf das, was später Kant in seiner *Kritik der Urteilkraft* ausgeführt hat. Auch er betont, daß „der Verstand, durch seine Begriffe, nie die ganze innere Anschauung der Einbildungskraft [erreicht]." Ästhetische Qualitäten (Anschauungen, Ideen) bleiben für Kant begrifflich nicht einholbar, konzeptuell nicht zu tilgen, mithin ‚inexponibel',[20] und eben deshalb unentbehrlich. Um aber die

16 So schon Kant, *Kritik der Urteilskraft* (*KU*) B 160/A 158 Anm.
17 Lessing, *Laokoon*, op. cit., Nachwort p. 461.
18 Cf. Lessing, *Laokoon*, op. cit., Kap. XIV, Anm. 2 p. 112; hierzu Friedrich Vollhardt, Nachwort p. 451.
19 Lessing, *Laokoon*, op. cit., Kap. VI, p. 56.
20 *KU* B 244, A 241.

Kommunikabilität und fragile Allgemeinheitsfähigkeit ästhetischer Äußerungen trotz ihrer Nichtbegrifflichkeit dennoch abzusichern, führt Kant, wie schon gesagt, den *sensus communis aestheticus* im Unterschied zu einem *sensus communis logicus* ein. Manches können wir bleibend nur andeuten, aber ohne solche Andeutungen, wenn sie ‚prägnant' sind, wie auch Lessing sagt, würden uns ganze Phänomenbereiche wegbrechen und wir intellektuell verarmen. Das ist eine effektive Schranke aller reduktionistischen Bemühungen.

Aber ebenso darf man die ‚andeutungsweise' eingeführten Konjunktionen auch nicht mit Ansprüchen überfrachten, wir brauchen sie, aber sie sind natürlich auch nicht alles. Ein Ästhetizismus ist jedenfalls keine vernünftige Option.

Was in Lessings Konzeption angelegt, aber in Kants sogar führend ist, könnte man, wenn das Wort nicht politisch so verhunzt wäre, einen ästhetischen Kommunismus nennen. Dieser ist hier natürlich kein Handlungsziel, sondern Voraussetzung unserer Kommunikabilität in ästhetischen Fragen. Gerade in den Künsten zehren wir von einer im Hintergrund kaum greifbaren Gemeinschaftlichkeit aller Menschen, die die Künste darstellend zum Klingen bringen. Später manchmal sogar, ‚befeuert' durch die Erfahrung der französischen Revolution und daher ‚feuertrunken', geradezu feiern (Schiller und Beethoven: *Alle Menschen werden Brüder* …). Solche Überschwänglichkeiten lagen Lessing gänzlich fern. Selbst Schiller waren sie, was seine eigene Ode *An die Freude* (1785) angeht, schon um 1800 ‚genant'.[21] Was nur angedeutet werden kann, hat zwar einen communalen Rechtsgrund im Rücken (!), den wir im Ästhetischen kommunikativ auskosten, eig-

21 Schillers Gedicht war von einer prärevolutionären Euphorie erfüllt, Beethovens Vertonung von einer postrevolutionären, die Schiller nicht mehr geteilt hätte (vgl. dessen Brief an Körner vom 21. Oktober 1800).

net sich aber nicht als Utopie. Hier ist an Hegels immer noch aktuelle Kritik der ‚schönen Seele' zu erinnern.[22] Die Aufklärung hat bis heute ‚gleißnerische' Idealisierungen normativ zu domestizieren versucht, aber manche sind ihr leider immer wieder mit allen politischen Konsequenzen entschlüpft.

Dem elastischen intellektuellen Aroma von Lessings Schriften ist das Verdikt einer *Dialektik der Aufklärung* völlig fremd.[23] Das liegt daran, daß Max Horkheimer und Theodor W. Adorno ihren Text von 1944 programmatisch an Francis Bacon (*Wissen ist Macht*) orientiert hatten, um den kritischen Anschluß an die technischen Gewaltorgien des Nationalsozialismus herstellen zu können. Dafür hat man natürlich Verständnis. Aber Sätze aus dem ersten Kapitel wie ‚*Die Aufklärung verhält sich zu den Dingen wie der Diktator zu den Menschen*' sind mit Lessings Impulsen jedenfalls völlig unverträglich. Lessing spielt daher auch in der ‚Dialektik der Aufklärung' keine Rolle.

Lessing ist kein Denker philosophischer Programme, eine missionarische Einforderung von Aufklärung wäre ihm suspekt erschienen. Friedrich Vollhardt: „Besonders kritisch verhielt er sich

22 Georg Wilhelm Friedrich Hegel, *Phänomenologie des Geistes*, ed. Johannes Hoffmeister, 6. Aufl., Hamburg 1952, p.462/63. Wenn man es angesichts diagnostizierter Mißstände bei einer Selbstberühmung im privaten Moralstolz, d.h. in paroxystischer Selbstgerechtigkeit, beläßt oder sich aktivistisch mit Ersatzgesten symbolischer Provenienz begnügt (z.B. auf Straßen Ankleben oder Kartoffelbreiwürfe der selbsternannten ‚letzten Generation' am 23. Oktober 2022 auf ein Bild von Monet im Museum Barberini in Potsdam etc.), anstatt sich politisch an einer demokratisch verändernden Praxis zu beteiligen, lebt man „in der Angst, die Herrlichkeit seines Innern durch Handlung und Dasein zu beflecken." (*Phänomenologie*, op. cit., p. 462/63). Die schöne Seele bleibt daher, wie auch Hegel bekanntlich betont, ‚unglücklich', „verglimmt in sich, und schwindet als ein gestaltloser Dunst, der sich in Luft auflöst." (p. 463). Es sei denn, die schöne Seele wählt als Ausweg aus ihrem Unglück, d.h. ihrer selbstverschuldeten euphorischen Ohnmacht, das Autoritäre. Das geschieht leider häufig.

23 Max Horkheimer/Theodor W. Adorno, *Dialektik der Aufklärung. Philosophische Fragmente*, Frankfurt 2022.

dabei gegenüber einer zur Mode verkommenen ‚Aufklärungssucht', die sich in einer unanfechtbaren Position zu wissen glaubte, ohne die Vorläufigkeit auch des eigenen Standpunktes zu reflektieren; ihm ging es um die Selbstaufklärung der Vernunft."[24] Kein Wunder, daß auch ein Begriff wie ‚Toleranz', der als Botschaftstitel vor allem mit Lessings Anliegen in Verbindung gebracht wurde, „in seinem Oeuvre noch kaum vor[kommt]."[25]

Das Phänomen der Toleranz ist natürlich in seinem Werk überall präsent, aber nie propagandistisch, sondern immer nur *andeutungsweise*. Wichtig bleibt auch, daß Lessing stets auf die Geschichte z.B. von Religionen hinweist, die ihre Gegenwartskontingenz plausibel machen und daher stets einer eigenen Vergegenwärtigung bedürfen. Was bei Lessing als Aufklärung erscheint, ist gegen alle Karikaturen der Aufklärung wie sie ihre Kritiker meist benutzen, grundlegend geschichtsbedürftig. Gerade das macht ihn so aktuell. Friedrich Vollhardt zieht hier das Resümee: „Sollte in unserer Gegenwart der Übergang in eine postsäkulare Gesellschaft bereits vollzogen sein, dann haben wir uns auf die Anliegen von Glaubensgemeinschaften mit einem Gespür für die Aussage- und Ausdruckskraft der tradierten religiösen Rede einzustellen – ganz so, wie von Lessing gefordert. Das kann nur im modus der Übersetzung geschehen, einer stets notwendigen Neuaneignung."[26]

Ohne die historischen Hintergründe zur Kenntnis zu nehmen, für uns zu ‚übersetzen', können wir überkommenen Geltungsansprüchen niemals gerecht werden, gerade dann nicht, wenn wir solche Ansprüche abweisen müssen. Die Kraft der Aufklärung beweist sich ja stets in der Legitimität zu widersprechen. Dafür

24 Friedrich Vollhardt, *Gotthold Ephraim Lessing*, op. cit., Einleitung p. 9.
25 Friedrich Vollhardt, *Gotthold Ephraim Lessing*, op. cit., p. 367.
26 Friedrich Vollhardt, *Gotthold Ephraim Lessing*, op. cit., p. 375.

steht auch das andeutende, d.h. zugleich liebenswürdige und ein wenig schelmische, ja sanft ironische Lächeln Lessings mit seinen wachen Augen auf dem bekannten Bild des seinerzeit berühmten Schweizer Portraitmalers Anton Graff von1771,[27] das in der Herzog August Bibliothek von Wolfenbüttel hängt.

Dem Lächeln Lessings auf diesem Portrait entspricht tatsächlich ein Grundzug seines Werkes, eine Perspektive über alles nur Gebotene und Erlaubte anzubieten. *An*deuten geht manchmal über alles *Be*deuten hinaus. *Wie* wir pflichtgemäß handeln, kann ebenso in seltenen Fällen darüber hinausgehen, *daß* wir es tun. In nur rechtlichen oder gebotsorientierten Würdigungen unseres Handelns kommen solche überpflichtigen Handlungsaspekte nicht vor, werden entweder ignoriert (Kant) oder gar verboten (Luther). Auch das ist bei Lessing anders. Humanität geht für ihn über alle Obligationen aus Herkünften hinaus,[28] das ist in seinem *Nathan* (1779) so, aber auch schon in seinen Dialogen *Ernst und Falk. Gespräche für Freimaurer* (anonym 1778). Lessing spricht hier von *opera supererogata*, von überpflichtigen Taten.[29]

Solche über alle Vorschriften und begründete Verpflichtungen hinausreichende Dimensionen verleihen seinem Werk jenen *swing*, der es so einzigartig macht. Lessing ist kein Tugendbold,

27 Abgebildet auf dem Cover des Buches von Friedrich Vollhardt, *Gotthold Ephraim Lessing*, op. cit..

28 Das hat z.B. Paul Feyerabend nie begriffen, er setzte Traditionen beliebiger Art einfach frei und weiß nicht, was er damit anrichtet, wenn man z.B. heute an sektenartige Gruppierungen wie die militanten ‚Reichsbürger' denkt. Feyerabend konnte diese randständigen Traditionsfanatiker seinerzeit noch nicht kennen, aber die Geschichte bietet auch andere Beispiele. Cf. Paul Feyerabend, *Erkenntnis für freie Menschen*, Frankfurt 1979. Hier schon in der Einleitung p. 7: „Eine freie Gesellschaft ist eine Gesellschaft in der nicht *Individuen*, sondern *Traditionen* gleiche Rechte und gleichen Zugang zu den Zentren der Macht haben.“ – Die armen Individuen.

29 Cf. Hubert Schnüriger, *Der Begriff der Supererogation und das Problem moralischer Optionalität*, in: *Zeitschrift für Praktische Philosophie* Bd. 4,2 (2017) pp. 117–140.

kein Pflichtknecht, sondern mehr. Genau dieses ‚Mehr' macht die Eleganz seines Eintretens für eine Humanität im Namen eines moralischen *Surplus* aus, die eine Vorbildlichkeit aufscheinen läßt, auf die niemand verpflichtet werden kann, die aber Anlaß zur Bewunderung gibt und so vielleicht indirekt wirkt. Das sieht Lessing genauso: „es wäre bloß zu wünschen, daß sich die Weisesten und Besten eines jeden Staats diesem Operi supererogativo freiwillig unterzögen."[30]

Friedrich Vollhardt sieht hier bei Lessing eine Vorwegnahme von Schillers Projekt einer ästhetischen Erziehung des Menschen mit ihrem Ziel, eine wahre Humanität zu befördern. Denn die Gesetze eines Staates reichen nicht hin, „ein solches Handeln zu verwirklichen."[31] Ein Staat, selbst wenn er optimal ‚verfaßt' ist, bedeutet viel, ist aber trotzdem nicht alles, schon gar nicht in Sachen Humanität.

30 Gotthold Ephraim Lessing, *Werke und Briefe in zwölf Bänden,* eds. Wilfried Barner et al., Frankfurt 1985–2003, Bd. 10, p. 32.

31 Friedrich Vollhardt, *Gotthold Ephraim Lessing*, p. 396. Zu den Dialogen *Ernst und Falk* insgesamt cf. ders., pp. 376–396.

Am 23. August 1950 stand auf der Tagesordnung der Regierung der neugegründeten DDR der Punkt ‚Neuaufbau von Berlin'. Beschlossen wurde unter Vorsitz von Ministerpräsident Otto Grotewohl, seinen damaligen Stellvertretern Walter Ulbricht und Otto Nuschke gegenläufig u.a. die Sprengung und der Abriß der Ruine des Berliner Stadtschlosses. Walter Ulbricht gab die Orientierung für diesen Beschluß vor: „Das Zentrum unserer Hauptstadt, der Lustgarten und das Gebiet der jetzigen Schloßruine müssen zu dem großen Demonstrationsplatz werden, auf dem der Kampfwille und Aufbauwille unseres Volkes Ausdruck finden können."[1] Ulbrichts Vorbild war zweifellos der Rote Platz in Moskau, so daß „nur Ulbricht als Initiator dieser Maßnahme anzusehen ist."[2]

Am 27. August 1950 veröffentlichte die *Berliner Zeitung* den Bericht über diese Beschlußlage des Ministerrates.

Eine Welle der Empörung erfaßte sogar die damalige DDR. Gegen die Pläne der Regierung wandte sich insbesondere der damalige Rektor (1949–1952) der Universität Berlin, der Biophysiker Walter Friedrich (1993–1968). Aber auch die Proteste des bekannten Kunsthistorikers der Universität Marburg und Ost-Berlin, also der letzte gesamtdeutsche Ordinarius, Prof. Dr. Richard Hamann (1879–1961), blieben erfolglos. Am 7. September 1950 fand die erste Sprengung statt.

1 Zit. nach Renate Petras, *Das Schloss in Berlin. Von der Revolution 1918 bis zur Vernichtung 1950*, Berlin 1999, p. 113. Renate Petras (1922–2007) hat die Turbulenzen, die seinerzeit zur ersten Sprengung des Berliner Schlosses führten z.T. selbst miterlebt (cf. dies., *Das Schloss in Berlin*, op. cit., p. 118).
2 Ibid.

Drastisch äußerte sich gegen die Pläne der Regierung mit Sprengung und Abriß der damalige Direktor des Märkischen Museums Walter Stengel (1882–1960): „Wenn diese Pläne Wirklichkeit werden (…), dann kann man dieser Stadt einen anderen Namen geben."[3]

Man erkennt, daß die Identität mit der Stadt Berlin zum großen Teil über das Berliner Schloß gespeist wurde. Aber keine dieser Gegenstimmen wurde gehört. Auch die Einlassungen des nachmals weltberühmten Architekten (*Berliner Philharmonie*) Hans Scharoun (1893–1972) an Hans Grotewohl vom August bis September 1950 blieben erfolglos.

Nach der Sprengung wurden die Überreste des Schlosses ab1951 beseitigt. Aber erst 1973 bis 1976 wurde an der Stelle des gesprengten Schlosses der sog. *Palast der Republik* neu erbaut. Der Architekt war Heinz Graffunder (1926–1994). Schmerzhaft für ihn, aber ansonsten erfreulich, war dann, daß der Bau ab 1990 wegen Asbestschäden geschlossen und von 2006 bis 2008 sogar abgerissen werden mußte.

Ab März 2013 begann an seiner Stelle der Wiederaufbau des Berliner Schlosses als *Humboldt-Forum*. Der Architekt war Franco Stella, der die Ausschreibung für sich entscheiden konnte. Dieser publizierte 2022 einen Text über das Thema *Konstruktion und Rekonstruktion der Architektur*, zu dem Horst Bredekamp ein Vorwort beigesteuert hat. Den Sinn seiner architektonischen Rekonstruktion sieht Stella in dem, was man eine Rettung des Ortsköpers nennen könnte. In dem von Stella gemeinten Sinn handelt es sich also nicht um die Rettung eines geometrischen Ortes, sondern um die Wiederherstellung eines humanen Ortsverhältnisses, in dem, wie man fast sagen möchte, die ‚Ortsseele' als kontextu-

3 Zit. nach Renate Petras, *Das Schloss in Berlin*, op. cit., p. 114.

ierende Energie urban realisiert erscheint. Aus der Tiefe des intellektuellen Raumes tritt uns hier auf denkwürdige Weise wieder das anthropologische Faktum entgegen, das wir seit Kant als „architektonisches Interesse der Vernunft" kennen.[4]

„Der Begriff des Ortes", schreibt Franco Stella, „ist meines Erachtens auf den urbanen Kontext des Gebäudes auszudehnen." Das genau war die Vision seiner architektonischen Rekonstruktion: „Das Berliner Schloss kehrt eben nicht nur an seinen ursprünglichen Ort, sondern auch an seinen architektonischen-stadträumlichen Kontext zurück, also zu den wichtigsten, größtenteils rekonstruierten Gebäuden und Plätzen des monumentalen historischen Zentrums von Berlin."[5] Das nunmehr rekonstruierte Berliner Schloß ist das alte Zentrum von Berlin, das sich in seiner rekonstruierten ‚Eingliederung' wiedergefunden hat. „Allgemein kann man sagen: Das Schloss kehrt als *Lehrer der Stadtgeschichte* in die Stadt zurück, deren *Regisseur* es war."[6]

Mit dieser urbanen und humanen Zielsetzung seiner Rekonstruktion entzieht sich Stella, so Bredekamp, den Imperativen einer „rein funktionalen Rationalität, die ohne Beziehung zur körperschematischen Rezeption des Menschen bleibt."[7] Seine Architektur, so Bredekamp, bleibt ein Integral derer, für die sie steht. Sie ist für ihn „eine Ermöglichungsform, die mit dem Menschen, ihren Blicken und Bewegungen in Verbindung steht. Sie stellt das Gegenteil von jenem Gestus dar, der ihm gelegentlich mit Furor entgegengehalten worden ist: dem einer kalten Rationalität."[8]

4 Cf. *KrV* B 503.
5 Franco Stella, *Berliner Schloss – Humboldt-Forum. Konstruktion und Rekonstruktion der Architektur*, Berlin 2022, p. 45.
6 Franco Stella, *Berliner Schloss*, op.cit., p. 71.
7 Horst Bredekamp, *Coincidentia Oppositorum. Vorwort* zu Franco Stella, *Berliner Schloss*, op. cit, p. 11.
8 Horst Bredekamp, *Vorwort*, op. cit., p. 7.

Wer sich die Bilder des von Stella rekonstruierten Schlosses in seinem Band betrachtet, bemerkt zweifellos ihre Kühle, die aber nichts Abweisendes hat, sondern „einen Beitrag zur Schönheit der Stadt zu leisten [hat]."[9] Genau das ist jene Eleganz, die der deutschen Expressivität meistens abgeht, im Schloß Stellas aber faszinierend in einer federleichten „Dramaturgie des *Tragend* und *Lastens*"[10] ins Werk gesetzt wurde. So komponierte Stella die Fassade des Schlosses als Dialog zwischen Mauern und Säulen, für den der Betrachter empfänglich sein muß. Denn gerade die Säulenordnung, wie Stella mit Bezug auf Leon Battista Alberti und Andrea Palladio erläutert, entfaltet eine eigene ‚Magie': sie versinnlicht „das ‚Wunder' des menschlichen Genies, das sich über das Naturgesetz der Schwerkraft hinwegsetzen kann."[11]

So wird das Schloss zu einer Etüde für eine éducation *sentimentale*, deren nicht nur das deutsche Publikum immer noch dringend bedürftig ist. Nicht nur die Moskowiter, auch die Berliner benötigten über die Jahrhunderte die Architekten aus Italien, um jene expressive Eleganz zumindest mit den Fingerspitzen berühren zu können, die sie so sehr bewunderten wie bei sich vermißten. Dafür steht die Stadtgeschichte Moskaus ebenso wie die Berlins.[12]

9 Franco Stella, *Berliner Schloss*, op. cit., p. 53.

10 Franco Stella, *Berliner Schloss*, op. cit., p. 107. Dieses ‚trilithische' Motiv zieht sich durch das ganze Buch von Stella, auch durch das Vorwort von Bredekamp. Er bündelt das in dem Befund: „Stella denkt in Spannungen." Daher sei seine Architektur nur „als *Coincidentia oppositorum*, als Zusammenfall von Gegenpolen zu begreifen." (Horst Bredekamp, *Vorwort*, op. cit. p. 7).

11 Franco Stella, *Berliner Schloss*, op. cit., p. 107; cf. auch p. 109.

12 Cf. Orlando Figes, *Eine Geschichte Russlands*, trad. Norbert Juraschitz, Stuttgart 2022; cf. hier p. 92: „Der Kreml war ein Symbol für Moskaus Macht und seinen Auftritt auf der europäischen Bühne. Der riesige Komplex aus Palästen und Kirchen wurde weitgehend von italienischen Baumeistern entworfen. Der Facettenpalast (der Zarenpalast) war das Werk der venezianischen Architekten Marco Ruffo und Pietro Antonio Solari, die die Kremlmauern im Stil der Mailänder Burg der Sforza bauten. Aristotele

Umso erstaunlicher, daß sich die deutsche Politik heute mit der Benennung jener Stiftung schwertut, unter deren Dach die überkommenen Kulturgüter verwaltungstechnisch zusammengefaßt sind. 1957 wurden die Kunstsammlungen, Archivbestände und Bibliotheken in eine von Bund und Ländern finanzierte Institution unter dem Titel ‚Stiftung Preußischer Kulturbesitz' bundesrepublikanisch neu aufgelegt. Genau dieser Titel, der zumindest rudimentäre Kenntnisse zur Herkunftsgeschichte des hier Versammelten verlangt, überfordert jetzt nicht nur die Politik.

Jürgen Kaube hat in einem brillanten Artikel auf der ersten Seite der *Frankfurter Allgemeinen Zeitung* vom Samstag, den 31.12.22, das republikanische Desaster unter dem Titel ‚*Das ungeliebte Preußen*' namhaft gemacht. Er knüpft an die Erklärung der Kulturstaatsministerin Claudia Roth (Die Grünen) an, sie wolle die Stiftung Preußischer Kulturbesitz umbenennen. „Der Name Preußens, so Roth, passe nicht zum Kulturbesitz. Was hätten Andy Warhol und Joseph Beuys (…) denn mit Preußen zu tun?" Wer so fragt, darf sich nicht wundern, daß er sich nicht unversehens mit der Gegenfrage konfrontiert sieht: Was hat Claudia Roth als Kulturstaatsministerin eigentlich mit Kultur zu tun? Der Artikel von Jürgen Kaube verschweigt die Verlegenheit um eine Ant-

Fioravanti war für die neu aufgebaute Mariä-Entschlafens-Kathedrale (*Uspenski Sobor*) zuständig (1475–1479), und Alevise Novi für die Erzengel-Michael-Kathedrale, die zwanzig Jahre später fertig gestellt wurde. Im Laufe der Jahrhunderte wurden viele Gebäude des Kreml russifiziert (…), sodass heutige Besucher dessen italienischen Charakter nicht ohne weiteres erkennen." Cf. Georgi Massajew, *Wie die Italiener den Kreml bauten und den Russen halfen, sich vom tatarischen Joch zu befreien*, in: *Russia beyond* (deutsch) vom 22.Juli 2022. Cf. auch Manfred Hildermeier, ‚*Die rückständige Großmacht*'. *Russland und der* Westen, München 2022, p. 24; hierzu: Stefan Plaggenborg, *Putins nationale Ideologie in historischer Perspektive*, in: *Frankfurter Allgemeine Zeitung* Dienstag, den 25.2.223, p. 10. Cf. analog zu Moskau Horst Bredekamp, *Berlin am Mittelmeer. Kleine Architekturgeschichte der Sehnsucht nach dem Süden*, Berlin 2018.

wort hier mit keiner Zeile: „Preußen ist Roth unangenehm, weil sie so viel Ungutes darüber gehört hat. Daß zu Preußen auch Kant und Humboldt, das Allgemeine Landrecht und die Schulpflicht (…) gehören, bremst ihren Affekt nicht. Vielleicht weiß sie auch gar nichts davon."

Nehmen wir zu ihren Gunsten den letzten Fall an, bleibt es immer noch peinlich, daß Hermann Parzinger, seit vierzehn Jahren Chef der ‚Stiftung', sich nicht zurückgehalten hat, „die Melodie seiner neuen Chefin mitzupfeifen. Er will im Ausland nicht mehr ständig erklären müssen, was es mit dem Namen auf sich hat. Er nennt ihn sogar einen Wettbewerbsnachteil."

Noch schlimmer ist der politische Ikonoklasmus, wie wir ihn im Auswärtigen Amt unter der Regie von Annalena Baerbock (Die Grünen) kennenlernen mußten. Dieses Amt hatte einen Raum ‚Bismarck', in dem auch eines der bekannten Originale des Reichkanzler von Franz von Lenbach hing. Der Raum wurde umbenannte, das Bild von Lenbach aus dem Raum entfernt.

Eine merkwürdige neue Üblichkeit. Mir zumindest fällt es schwer, sie zu kommentieren. Zumal der Historiker Eckart Conze sich auch noch affirmativ zu diesem politischen Ikonoklasmus geäußert hat.[13] Das hat zwar sofort robusten Widerspruch erzeugt, aber man fragt sich, was diese ‚wohlfeile Moraltrompeterei' (Hans-Christof Kraus) eigentlich soll?[14] Wenn einem zur Sache nichts mehr einfällt, bleibt einem heutzutage nur noch eine moralisierende Selbstpristinierung. Diese Attitüde funktioniert immer, bleibt aber substanzlos. Substanzlos heißt hier nicht

13 *Frankfurter Allgemeine Zeitung* vom 3. Januar.

14 Hans-Christof Kraus, *Der eminente Blick. Bismarck als Vorbild: Was man vom Reichskanzler immer noch lernen kann. Eine Antwort auf Eckhart Conze*, in: *Frankfurter Allgemeine Zeitung* vom 6. Januar 2023, Nr. 5, *Feuilleton* p. 14.

‚leer', sondern ‚erstarrt'. ‚Leere' unterhält eine intime Nähe zum ‚Absoluten',[15] ‚Erstarrung' hingegen zum ‚Tod (rigor mortis).

Eine bittere Bilanz der ‚Erstarrung' stammt bereits von Hölderlin, der sie schon seiner Zeit defizitär in Rechnung stellte:

*Denn nicht vermögen*
*Die Himmlischen alles. Nemlich es reichen*
*Die Sterblichen eh' an den Abgrund.*[16]

Für Hölderlin ragt also schon seine Zeit in die abgründigen Formate unserer Zeit hinein. Sein Interpret Rainer Schäfer schätzt insofern „Hölderlins synkretistische[n] Polytheismus" als ‚gute Kur' für unsere eigenen desaströsen Zeiten ein.[17] Die Triftigkeit dieser Diagnose müssen wir hier allerdings offenlassen. Dennoch hat der Interpret Hölderlins das „Produktive in Hölderlins mythologischer Hermeneutik" schon prägnant erfaßt: „Sie ist in der Lage, die ‚Disziplinen' Theologie, Religionsgeschichte, Geschichtswissenschaft, Altphilologie, Semantik, Germanistik, Kulturanthropologie, Philosophie und Dichtung miteinander in einen fruchtbaren Dialog zu bringen, der uns lehren kann, das Eigene und die Pluralität der Lebensformen weder zu über- noch zu unterschätzen, sondern in, mit und aus Freiheit zu gebrauchen."[18]

Das Eigene, das hier von Hölderlin und seinem Interpreten so emphatisch akzentuiert wird, ist bei Lichte betrachtet nichts an-

15 Cf. Ryôsuke Ohashi, *Die Logik des Absoluten und die Logik des Leeren*, in: *Hegel-Studien* Bd. 56, Hamburg 2022, pp. 117–131.

16 Zu diesen bekannten Zeilen des späten Gedichtetes *Ein Zeichen sind wir, deutungslos* cf. Rainer Schäfer, *Aus der Erstarrung. Hellas und Hesperien im ‚freien Gebrauch des Eigenen' beim späten Hölderlin*, Hamburg 2020, p. 134. Sehr lesenswert war schon zuvor Rüdiger Safranski, *Hölderlin. Komm! ins Offene, Freund!* Biographie, München 2019.

17 Cf. Rainer Schäfer, op. cit., p. 252.

18 Rainer Schäfer, *Aus der Erstarrung*, op. cit., p. 254.

deres als die Architektur unserer Lebenswelt samt ihren temporalen Selbstmißverständnissen (Pathologien der Zeitbezüge). Hans Blumenberg hat hier unnachahmlich von einer „unschlichtbare[n] Rivalität zwischen Lebenszeit und Weltzeit" gesprochen.[19]

Das Ganze zu sagen, scheint unmöglich. Es sei denn, man wählt eine *façon de parler*, die zwar nicht ausschließlich kommunikativ ist, dafür in spezifischer Weise prägnant zu sein vermag, aber auch das wiederum nur um den Preis, fragmentarisch zu bleiben. Eine *plenitudo essendi* schwebt jedem, der spricht, zwar vor, kann aber nicht ausgedrückt werden.

In seiner monumentalen Studie zu einem vergessenen Naturbegriff, der sich noch nicht in elementare Distinktionen wie material-formal, subjektiv-objektiv etc. zersetzt hat, sondern uns noch in einer Fülle entgegentritt, die als ein für immer Verlorenes erscheint, bekennt der Autor Thomas Sören Hoffmann schon gleich zu Anfang , daß der auf diese quasi holistisch ins Auge gefaßte Begriff der Natur von ihm ‚synäthiologisch' genannt werde, da hier initial eine ‚Natur als Natur' avisiert wird, die sich noch nicht ‚objektiviert' hat, das heißt sich als dem subjektiven Geist methodisch assimilierte Natur"[20] verhandeln ließe. In diesem Sinne geht es dem Autor um „eine Dimension, von der es anfänglich schien, daß sie *leer* sei."[21].

Warum leer? Weil eine so thematisierte Natur gar ‚kein gegenständlicher', sondern ein ‚Dimensionsbegriff' ist.[22] In diesem Sin-

19 Hans Blumenberg, *Lebenszeit und Weltzeit*, Dritte Auflage, Frankfurt 1986, p. 27.

20 Thomas Sören Hoffmann, *Philosophische Physiologie. Eine Systematik des Begriffs der Natur im Spiegel der Geschichte der Philosophie*, Stuttgart-Bad Cannstatt 2003, p. 20.

21 Thomas S. Hoffmann, *op. cit.*, ibid.

22 Thomas S. Hoffmann, *op. cit.*, Vorwort, p. 9.

ne nimmt der Text von Hoffmann in der Tat die Fragestellung der ursprünglichen Naturphilosophie als *Physiologie* wieder auf und fragt erneut „nach Natur als einer Gesamtdimension, die zunächst nicht oder nicht nur im Bereich von Erkennen wurzelt.“[23]

Wo immer der hier avisierte Naturbegriff wurzeln mag, er verliert jedenfalls seine nur begrifflichen Konturen und wird zu einer „vorausgreifenden Chiffre für eine *andere Mitte* als die, aus der das Denken stammt.“[24]

Was der Autor hier, mutig genug, anpeilt, ist das, was er *Das* οἰκεῖον *des Natürlichen* nennt.[25] Der Untertitel des Kapitels macht die Sache allerdings auch nicht klarer: *Aristoteles‘ Begriff der Insichvermitteltheit der physischen Präsenz*. Worum es dem Autor faktisch geht, ist das, was man die Heimatlichkeit des Seins nennen möchte, aber sich doch scheut, es zu tun. Der Autor spricht in akademisch elaborierter Weise auch vom „Sein in real-phänomenaler Differenz. Aristoteles hat in diesem das οἰκεῖον der φύσις gesehen“[26]

Was Hoffmann also intendiert, ist die Absetzung des ursprünglichen Naturkonzepts von dem, was aus ihm um Lauf der Neuzeit bis zum 19. Jahrhundert einschließlich der Gegenwart geworden ist: Fabrikhalle beschleunigter Weltbildproduktion zu sein. Dagegen ruft seine Studie, gerade als *philosophische Physiologie* erneut ein Anfängliches auf, von dem her sie geblieben ist, was sie mit Hoffmann auch in Zukunft wohl bleiben wird: „wissenschaftliche Symbolik der Freiheit“.[27] Das jedenfalls wäre ein korrektes De-

23 Thomas S. Hoffmann, *op. cit.*, p. 12.
24 Thomas S. Hoffmann, *op. cit.*, p.13.
25 Thomas S. Hoffmann, *op. cit.*, pp. 314 sqq.
26 Thomas S. Hoffmann, *op. cit.*, p. 338.
27 Thomas S. Hoffmann, *op. cit.*, p. 571.

menti der seit Hegel vielberufene Rede vom Ende der Kunst.[28] Es gibt Anfänge, die sich selbst niemals erschöpfen, da sie sich selbst figurativ sind. Und das besagt hier nur: Es gibt für immer opake Anfänge (*philosophie du vide*), sonst gäbe es gar nichts.

28 Cf. Eva Geulen, *Das Ende der Kunst. Lesarten eines Gerüchts nach Hegel*, Frankfurt 2002.

Betrachtungen können unterbrochen werden, wenn man den Blick abwendet. Umgekehrt gibt es natürlich augenblickliche Zuwendungen fixierender Art. Solche Zu- oder Abwendungen sind meistens motiviert, sind bedeutungsverleihende Akte, meist über das hinaus, was begleitend gesagt oder nicht gesagt wurde. Zu- und Abwendungen gehören zum Repertoire unseres emotiven Seins, manövrieren *valeurs*, von denen sie reziprok auch selber zehren. Sinn wird konsumiert oder generiert stets über das hinaus, was faktisch gesagt oder getan wird. Wir existieren nicht faktizitär, sondern emotiv. Das ist keine neue Einsicht, sondern als Faktum Philosophen und später Psychologen zumindest in Ansätzen immer schon bekannt, überall da jedenfalls, wo Gefühle und emotionale Verfassungen thematisch wurden. Im Hintergrund stand und steht hier das, was man die Resonanzstruktur des Seins nennen könnte. Es gibt nichts, das existiert, was nicht eine eigene Resonanzstruktur zu exekutieren hätte, die jeweils auf eine spezifisch individuelle Weise zum Klingen kommen muß.

Auch das ist nicht neu. Schon Johann Gottfried Herder (1744–1803) empfahl die Resonanzstruktur aller Lebewesen als Basis ihrer protokommunikativen Verfassung. „Gesicht, Gehör, Farbe und Wort, Duft und Ton“, diese „Eigenschaften in den Gegenständen“ bezeugen immer auch koexistierend Resonanzeffekte, also „sinnliche Empfindungen in uns.“[1]

1 Johann Gottfried Herder, *Ueber den Ursprung der Sprache*, in: *Herders Werke*, ed. Heinrich Kurz, Bd. 4, Leipzig o. J., pp. 549–644, hier p. 590. Diese Ausgabe Herders ist eigentlich nicht zitierfähig, aber ich habe derzeit keine andere zurhand. – Zu Herder cf. Michael Neil Forster, *Herder: Philosophical Writings*, Cambridge 2002; ders., *After Herder: Philosophy of Language*

„Wir sind“, schreibt Herder, ein gemeinschaftliches Sinnesorgan: „Ein denkendes *sensorium commune*, nur von verschiedenen Seiten berührt – Da liegt die Erklärung.“[2]

Was Herder hier postuliert, ist ein Gemeinsinn, der die Kohärenz unserer Resonanzen verbürgt und sie gelegentlich zur Konsonanz fähig macht. „[Der] Ton der Empfindung soll das sympathetische Geschöpf in denselben Ton versetzen!“[3] Resonanzen machen mit Herder eine Sympathie möglich, die einer spezifischen Ausdrucksfähigkeit des gesamten Mobiliars des Universums Kredit gibt. Der elementare Befund ist hier für Herder: „Allen Sinnen liegt Gefühl zum Grunde, und Dieß gibt den verschiedenartigsten Sensationen schon ein so inniges, starkes, unaussprechliches Band, daß aus dieser Verbindung die sonderbarsten Erscheinungen entstehen.“[4]

Zu diesen ‚sonderbarsten Erscheinungen‘ gehören für Herder vor allem auch unerwartete „Anwandlungen, die uns aus der Fassung setzen“. Das geschieht „in Krankheiten der Phantasie“, also in pathologischen Verfassungen, aber auch „bei Gelegenheiten, wo sie [die Anwandlungen] außerordentlich merkbar werden.“[5]

In diesem schon psychoanalytisch bemerkenswerten Syndrom von Impressionen, die sich zum großen Teil unkontrolliert in unserem Empfindungshaushalt melden, ist von Herder bereits der phantastische Fundus unserer unbewußten Triebstrukturen angesprochen, für den Herder als erster ein feines Gespür hatte. Auch das Gefahrenpotential, das hier schlummert, war ihm nicht entgangen: „Wäre es möglich, daß wir die Kette unserer Gedanken

*in the German Tradition*, Oxford 2010; ders., *Herder's Philosophy*, Oxford 2018.

2 Johann Gottfried Herder, *op. cit.*, ibid.
3 Johann Gottfried Herder, *op. cit.*, p. 561.
4 Johann Gottfried Herder, *op. cit.*, p. 590.
5 Johann Gottfried Herder, *op. cit.*, p. 590/91.

anhalten und an jedem Gliede seine Verbindung suchen könnten; welche Sonderbarkeiten, welche fremde Analogien der verschiedensten Sinne würden wir wahrnehmen, nach denen doch die Seele geläufig handelt! Wir wäre alle (...) jener Gattung von Verrückten ähnlich, die klug denken, aber sehr unbegreiflich und albern verbinden."[6]

Insgesamt ist der moderne Grundzug von Herder darin zu sehen, daß er den Menschen aus einer umfassenden anthropologischen Kulisse hervor- und in einen Zivilisationsprozeß eintreten läßt, der ihn in seiner Entwicklungsfähigkeit kollektiv stimuliert, aber nur über seine Ausgleichsbegabungen und -bemühungen prämiert. So ist die Sprachfähigkeit des Menschen keine milde Gabe der Natur, aber ohne ihre protokommunikative Mitgift auch nicht zu haben. Sie macht möglich, was sich Menschen als historisch und sozial geprägte Wesen stets in zeittypischer Weise erarbeiten müssen.

Herders Text ist in zwei Teile gegliedert. Im ersten wird die Hypothese geprüft, ob die Sprache gewissermaßen eine quasi private Erfindung des Menschen ist,[7] im zweiten werden die Bedingungen analysiert, unter denen sich ihre Sprachfähigkeit effektiv entfalten mußte. Zentral ist für ihn überall die Einsicht in die unhintergehbaren Einpassungsformen sozialer Art. Denn für die kommunikativen Entwicklung bedarf es einer selbstregulierenden Fähigkeit, die Herder ‚Besonnenheit' nennt, mit der er explizit die reflexive Verfassung des Menschen meint. Sie ist für jeden Organ einer situationssensiblen „Succession seiner Ideen".[8] Diese Be-

6 Johann Gottfried Herder, *op. cit.*, p. 591.
7 Hierzu gehört auch die zu Herders Zeiten und auch von ihm viel diskutierte These, daß die Sprachfähigkeit des Menschen göttlichen Ursprungs ist. Hier hat Herder nur eine ultraknappe Auskunft zu bieten: „Unsinn!" (Johann Gottfried Herder, *op. cit.*, p. 643).
8 Johann Gottfried Herder, *op. cit.*, p. 613.

sonnenheit ist in unserer Gattung a limine wirksam, schon im Alter des Säuglings als ein aufeinander Hören geläufig. „Wem leuchtet hiemit nicht eine Haushaltung der Natur zur Gesellung der Menschheit entgegen?“[9] So ist in seinem gesamten Text das Gehör als Organ des Auf-einander-Hören-Könnens der *protokommunikative* Sinn schlechthin. Im einzelnen Menschen erfindet sich nicht die Sprache, sie erfindet sich vielmehr ganz natürlich über die gesellschaftlichen und historischen Formate des menschlichen, d.h. aufeinander hörenden Koexistierens: „Erfindung der Sprache ist ihm [dem einzelnen Menschen] also so natürlich, als er ein Mensch ist.“[10]

So ist für Herder ein nur diskursiver Zugang zum Sprachursprung eine Chimäre. Dieser Zugang müßte ja die Form eines Algorithmus haben, aber das widerspräche der empfindlichen Eigenart der Sprache: „der Philosoph muß den Faden der Empfindung liegen lassen, indem er den anderen verfolgt; in der Natur aber sind alle diese Fäden Gewebe.“[11]

Diese Natürlichkeit der Spracherfindung wird von Herder drastisch vorgeführt.

Hier finden sich auch explizite Belege für sein Sturm- und Drangprofil.

Es kommt ihm ja vor allem auch darauf an, daß die Entdeckung der Sprache kein gelegentlicher Einfall eines gelehrten Kopfes ist, dessen Umsetzung auch unterlassen werden könnte. „[D]ie Genesis der Sprache [ist vielmehr] ein so inneres Dringniß, wie der Drang des Embryos zur Geburt bei dem Moment seiner Reife. Die ganze Natur stürmt auf den Menschen, um seine Sinne zu

9 Johann Gottfried Herder, *op. cit.*, p. 622.
10 Johann Gottfried Herder, *op. cit.*, p. 573.
11 Johann Gottfried Herder, *op. cit.*, p. 591.

entwickeln, bis er Mensch sei."[12] Deshalb benötigen wir für unsere Rekonstruktion der Spracherfindung auch nicht einen ‚schüchternen Schwächling', sondern einer robusten ‚Naturmenschen', der mitten im Leben steht. Wir sehen uns also gehalten, in unserer Theorie der Sprachentstehung einer unverfälschten Natur den Kredit zu geben, den sie uns Menschen, wie schon erwähnt, als protokommunikative Mitgift ohnehin hat zuteilwerden lassen.

Herder läßt den Menschen so wie er ist, und führt keine blassen und gelehrten Kunstfiguren ein: „Wenn wir also durchaus keinen schüchternen, abstrakten Philosophen zum Erfinder der Sprache nöthig haben, und der rohe Naturmensch, der seine Seele wie seinen Körper noch ganz aus Einem Stück fühlet, uns mehr als alle sprachschaffenden Akademien ist, so wollen wir uns auch keinen Gelehrten zum Muster der Sprachschöpfung nehmen."[13]

Ergänzungsbedürftigkeit des anfänglichen Menschen als Motor seiner ausstehenden Sozialisation ist nach Herder bekanntlich von Arnold Gehlen prominent mit seiner These vom ‚Mängelwesen' Mensch übernommen worden. Die kompakte Vorstellung dieser Sicht findet sich in seinem Werk ‚Der Mensch' aus dem Jahre 1940.[14] Die von ihm hier analysierten Verhältnisse sind intensiv diskutiert worden und insofern allseits bekannt.[15] Insofern

12 Johann Gottfried Herder, *op. cit.*, p. 612. Cf. auch: „Der Mensch trat in die Welt hin; von welchem Ocean wurde er auf Einmal bestürmt! mit welcher Mühe lernte er unterscheiden." (*op. cit.*, p. 591).

13 Johann Gottfried Herder, *op. cit.*, p. 617/18.

14 Cf. Johann Gottfried Herder, *Der Mensch. Seine Natur und seine Stellung in der* Welt, ed. Karl-Siegbert Rehberg, Frankfurt 2016.

15 Die Bekanntheit Gehlens wird allerdings bisweilen in Abrede gestellt. Cf. die opulente Besprechung von Henning Ottmann, *Arnold Gehlen in der Literatur. Bericht über einen fast noch unbekannten Autor*, in: *Philosophisches Jahrbuch* 2019, 03, pp. 148–184. Ottmann stellt gleich zu Anfang fest: „der Vielgelesene blieb auch der am meisten Verkannte." (p. 148). Seine Besprechung ist aber ein flagrantes Dementi dieser Einschätzung.

ist es vielleicht reizvoller, einen kurzen Blick auf die Genese dieser Konzeption zu werfen.

Dazu gehört vor allem seine programmatische Studie ‚Der Idealismus und die Lehre vom menschlichen Handeln'.[16] Hier findet sich auch schon Gehlens Wende zu einer handlungsorientierten Anthropologie: „Unser erkennendes Vermögen ist an unser handelndes nicht nur indirekt, sondern auch direkt gebunden."[17] In diesem frühen Text setzt sich Gehlen auch behutsam von allen Varianten des Idealismus ab, darüber hinaus, wie oben zu Herder schon angesprochen, vom Programm einer von diesem karikierten, nur didaktischen Aufklärung: „Wir unterscheiden uns damit gründlich von der Aufklärungszeit, wo man noch *wesentlich* auf dem Wege der Belehrung wirken konnte."[18] Lernprozesse sind für Gehlen neues Konzept nur aus den sozialen Realitäten zu erklären, und hierzu muß sich auch der Philosoph auf die jeweils konkrete Szenerie einlassen. Gehlen zählt die Anbindungen aller Außenaspekte unserer konkreten Lebensgestaltung daher „zu den Aufgaben der Situationsanalyse (...), um innerhalb derselben die der Handlungslehre zu verdeutlichen."[19]

Im Prinzip hat Gehlen seine früh erarbeitete Grundposition über die Jahre beibehalten. Das hat ihm nicht nur Freunde gebracht. Vor allem um die Zeit der Studentenbewegung und der kritischen Theorie wurde Gehlen mit anderen als rechtslastig scharf kritisiert. Das sogenannte ‚Dreieck Carl Schmitt, Konrad

16 Zuerst in: *Zeitschrift für Kulturphilosophie*, Bd. 1, 1935; repr. in: Arnold Gehlen, *Theorie der Willensfreiheit und frühe philosophische Schriften*, Neuwied/Berlin 1965, pp. 252–285, zitierter Text.

17 Gehlen, *Der Idealismus*, *op. cit.*, p. 277. Cf. auch die schöne Formulierung p. 274: „Manche Reflexionsprobleme werden durch die Handlung ‚ausgehängt'."

18 Gehlen, *Der Idealismus*, *op. cit.*, p. 280.

19 Gehlen, *Der Idealismus*, *op. cit.*,

Lorenz, Arnold Gehlen' wurde immer wieder, partiell gewiß zu Recht, ‚ideologiekritisch' auf Abstand gebracht.

Drastisch äußerte sich hier um 1970 Jürgen Habermas zu Gehlen: „Respektable Lebensweisheiten und theoretisch interessante Annahmen mischen sich mit dem politischen Stammtisch eines aus dem Tritt geratenen Rechtsintellektuellen, der den lebensgeschichtlichen Aporien seiner Rolle nicht mehr gewachsen ist."[20] Die Kontroverse Habermas-Gehlen vor allem im Anschluß an Gehlens spätes Buch *Moral und Hypermoral. Eine pluralistische Ethik* (Frankfurt 1969) wird von Henning Ottmann als aussichtlose Debatte bewertet: „Das Habermassche aufklärerische Vertrauen in den Intellekt und Gehlens nachaufklärerische Kritik der Intellektuellenmoral (...) werden sich weder vereinen noch annähern lassen."[21]

Das Gespräch zwischen beiden müßte nach Ottmann also erst beginnen. Die „Kontroverse kann höchstens als Anfang, nicht als Ende eines Gesprächs zwischen einer eher biologisch orientierten Ethik und der Diskursmoral gelten. Sie ist als Argumentation unbefriedigend, weil eine Ebene des Gesprächs so noch nicht gefunden ist."[22] Ottmanns Einschätzung ist hier korrekt.

Die Rückbindung rationaler Strukturen an historische Lebensvollzüge, wie wir sie in Stichworten von Herder bis Gehlen angesprochen haben, bezeugen einen Trend der Philosophie vom 19. Jahrhundert bis heute, also in etwa von Dilthey bis Habermas. Dieser Trend hat in letzten Jahren an Profil verloren, die Philosophie taumelt seither zwischen Wissenschaftsorientierung, popularisierenden Darstellungen und sogar Esoterik. Dieser diszip-

20 Jürgen Habermas, *Nachgeahmte Substanzialität. Eine Auseinandersetzung mit Arnold Gehlens Ethik*, in: *Merkur* April 1970; repr. in: ders., *Philosophisch-politische Profile*, Frankfurt 1971, pp. 200–222, zitierter Text.

21 Henning Ottmann, *Arnold Gehlen in der Literatur*, op. cit., p. 168.Dilthey

22 Henning Ottmann, *Arnold Gehlen in der Literatur*, op. cit., p. 167.

linären Verarmung steht ein enormer Anstieg an philosophischer Produktion gegenüber.

Nicholas Rescher, einer der bekanntesten und selber fruchtbarsten Philosophen der letzten hundert Jahre (geb. 1928 in Hagen) hat allein mit Bezug auf die Philosophiegeschichtsschreibung unserer Zeit einige entsprechende Hinweise geliefert. Ausgangspunkt ist für ihn der Befund: „Das zwanzigste Jahrhundert hatte einen heftigen Sturm des philosophischen Widerstands gegen all das erlebt, was der traditionellen Philosophie gleicht. Wittgenstein, Heidegger, Reichenbach, Rorty und die ganze Schar der logischen Positivisten propagierten die Vorstellung, dass all das, was der traditionellen Philosophie glich, als Ballast abzuwerfen sei."[23] Das führte beinahe zwangsläufig zu einem exponentiellen Wachstum an neuigkeitsbesessenen Temperaementen und ihren Publikationen.

Allein in den USA hatte zur Zeit der Abfassung des Artikels von Rescher die *American Philosophical Association* weit mehr als 8000 Mitglieder. Zählt man dazu noch die Mitglieder der vielen philosophischen Gesellschaften, „könnte", wie Rescher süffisant schreibt, „eine Kleinstadt von nicht unbeträchtlicher Größe allein mit den gegenwärtigen nordamerikanischen Philosophen bevölkert werden."[24]

Aber dieses Wachstum bleibt natürlich äußerlich und nimmt nur die Form einer thematischen Spezialisierung und einer disziplinären Fragmentierung an. Rescher zitiert hier in Orientierung an Herbert Spencer Karl Ernst von Baer (1792–1876), der ein Entwicklungsgesetz der Evolution formuliert hat. Hiernach ist genau diese ein Übergang „von einer relativ unbestimmten, in-

23 Nicholas Rescher, *Die Fragmentierung der gegenwärtigen Philosophie am Beispiel der Philosophiegeschichte* (trad. Veit Friemert), in: *Deutsche Zeitschrift für Philosophie* vol. 66, 6 (2019), pp. 747–763, p. 748.

24 Nicholas Rescher, op. cit., p. 749.

kohärenten Einheitlichkeit zu einer relativ bestimmten, kohärenten Verschiedenartigkeit."[25] Über dieses seltsame Muster will gerade in der Philosophie nachgedacht sein.

Rescher präsentiert in seinem Beitrag einen Katalog mit Themen, die in der gegenwärtigen Philosophie diskutiert werden. Hier werden von ihm medizinische Ethik, künstliche Intelligenz, Rationalität, feministische Themen, Gerechtigkeitsfragen, Wahrheit und Bedeutung in formalisierten Sprachen, Relativismus und Personalität genannt. Natürlich kann man solche thematischen Ausdifferenzierungen so oder anders vorführen, wie Rescher es hier getan hat. Indes fällt einem bei der intensiveren Befassung mit jedem dieser Problemfelder doch immer wieder auf, daß sie allesamt im Kern auf argumentativen Strukturen basieren, die sich einem thematischen Katalog entziehen und eine rein formale *façon* aufweisen. Da sie also trivialerweise inhaltlich nicht zugeordnet werden können, bleiben sie titulariter heimatlos und sind daher mit Recht einer anonym bleibenden Metaphysik zuzurechnen.

Hier erreicht man, ob man es will oder nicht, immer wieder das Gelände eines *sensorium commune*, von dem zu hoffen ist, daß wir es nicht verlassen können, um nicht in Abgründe zu stürzen, die nicht nur unsere Kommunikabilität gefährden.

Machen wir uns, wie schon gesagt, nichts vor: Im Imaginären, im Reich der Varianten, Abweichungen und Ausnahmen, hören wir nicht nur Symphonien, sondern sehen wir auch Bilder, verstehen wir Zahlen, Gleichungen und Bedeutungen, hoffen und bitten wir, sind wir im Sinne Robert Musils Möglichkeitsmenschen und als solche intelligente Wesen. Das Selbige bricht sich in seinen Deklinationen um zu sein.

25 Nicholas Rescher, op. cit., p. 754.

# Personen

J



K



L



M



N



O



P



Q